JORGE FORBES

MEDICINA EM TERRADOIS

M
manole
editora

Copyright © Editora Manole Ltda., 2023, por meio de contrato com os editores.

Capa: Marianne Meni
Projeto gráfico: Marianne Meni
Revisão: Lara Stroesser Figueirôa
Produção editorial: Marcos Toledo
Organização: Liége Lise, Jéssica Magalhães, Vanessa Scofield
Editoração eletrônica: Formato

CIP-BRASIL. CATALOGAÇÃO NA PUBLICAÇÃO
SINDICATO NACIONAL DOS EDITORES DE LIVROS, RJ

F787m

Forbes, Jorge
   A Medicina em TerraDois / Jorge Forbes. – 1. ed. – Santana de Parnaíba [SP]: Manole, 2023.
   126 p. ; 21 cm.

   ISBN 9786555769531

   1. TerraDois (Programa de televisão). 2. Psicanálise. 3. Saúde – Aspectos sociais. 4. Ética médica. 5. Médico e paciente. I. Título.

22-79818
CDD: 610.696
CDU: 614.253

Meri Gleice Rodrigues de Souza – Bibliotecária – CRB-7/6439

Todos os direitos reservados.
Nenhuma parte deste livro poderá ser reproduzida, por qualquer processo, sem a permissão expressa dos editores.
É proibida a reprodução por fotocópia.

A Editora Manole é filiada à ABDR – Associação Brasileira de Direitos Reprográficos.

Editora Manole Ltda.
Alameda América, 876
Tamboré – Santana de Parnaíba – SP – Brasil
CEP: 06543-315
Fone: (11) 4196-6000
www.manole.com.br | https://atendimento.manole.com.br/

Impresso no Brasil | *Printed in Brazil*

Esta obra contém conteúdo complementar disponibilizado em uma plataforma digital exclusiva. Nela, estão reunidos vídeos de Jorge Forbes, que servem como apoio para a leitura do livro.

Para ingressar no ambiente virtual, utilize o QR code abaixo, faça seu cadastro e digite a senha: terradoisforbes.*

SUMÁRIO

PREFÁCIO 11

1 A SAÚDE EM TERRADOIS, TRÊS NOTAS 15

2 O NOVO A.NORMAL 18

3 DEZ AFORISMOS PELA VIDA 20

4 MAKTOUB? A INFLUÊNCIA DA PSICANÁLISE SOBRE A EXPRESSÃO DOS GENES 25

5 A CIÊNCIA PEDE ANÁLISE 34

6 QUE TERROR! 39

7 ONDE VAI PARAR A COSMIATRIA? 42

8 ESTÁ TODO MUNDO DEPRIMIDO 45

9 O PERIQUITO DO REALEJO VIROU GENOMA 48

10 O SER HUMANO NÃO É PARA PRINCIPIANTES 52

11 BIOÉTICA E BIOTECNOLOGIA: UMA QUESTÃO DE LIMITE 55

12 DESAUTORIZAR O SOFRIMENTO 59

13 PSICANÁLISE DO HOMEM DESBUSSOLADO 62

14 SEM LIMITES 66

15 VOCÊ SOFRE PARA NÃO SOFRER? 69

16 VASECTOMIA E DEMÊNCIA 71

17 PSIQUIATRIA E PSICANÁLISE 74

18 GOSTAR DE SOFRER 83

19 ESTÁ TODO MUNDO LOUCO 86

20 PESQUISITICES 89

21 COMENTÁRIO DO TEXTO DE JACQUES LACAN "O LUGAR DA PSICANÁLISE NA MEDICINA" 92

22 ESTÁ TUDO BEM, MUITO BEM 97

23 "INTIMIDADE PRESERVADA" 99

24 CASO DIOGO 103

25 A FESTA DOS PSIQUIATRAS 110

26 A MEDICINA PARA ALÉM DAS EVIDÊNCIAS 113

27 OS PERIGOS DE TUDO PODER 117

PREFÁCIO

CHAMO DE TERRADOIS o atual planeta em que vivemos. Ele é em tudo diferente daquele em que habitávamos até recentemente. Do nascimento à morte, passando por todas as etapas da vida, nada mais é como um dia foi. Sofremos a maior transformação do laço social dos últimos vinte e oito séculos.

Desorientado e angustiado frente a atual diversidade dos modos de viver, o "homem desbussolado" busca se localizar, caindo na tentação de usar velhos remédios para novos sintomas.

Porém, se não formos capazes de habitar TERRADOIS, veremos continuar crescendo as soluções para trás, ou seja, reacionárias.

Necessitamos de um programa que mostre, elucide, convide à fantástica experiência dessas novas formas de viver e de se relacionar, tanto no nível do indivíduo, como no das instituições. TERRADOIS não pode continuar sendo vista como uma terrível ameaça, mas, ao contrário, ela é uma enorme chance para a humanidade se reinventar.

Nesse volume, abordamos múltiplos aspectos da **Medicina em TERRADOIS**.

Bem-vindo a esse novo tempo: TERRADOIS deve ser do nosso desejo e responsabilidade.

Jorge Forbes

1 A SAÚDE EM TERRADOIS, TRÊS NOTAS

Em um mundo em que, do nascimento à morte, nada mais é como era dantes, as novas questões éticas clamam por respostas e posicionamentos.

MÉDICOS DEIXARÃO DE EXISTIR? Não, não deixarão. Ao contrário, retomarão os princípios éticos fundadores da medicina. As máquinas, a tecnologia e a inteligência artificial preencherão melhor os protocolos; já são e serão cada vez mais precisas em seus movimentos, mais potentes em sua memória. Mas máquinas não pensam sobre si mesmas, não duvidam, não têm questões éticas. O médico precisa se reinventar urgentemente e sua perspectiva de ação em TerraDois é enorme. Engana-se quem, baseado nos *"cases"* Uber e Airbnb, pensa que não haverá mais especialistas e que todas as opiniões, agora, equivalem-se. A horizontalidade das relações humanas em TerraDois, diferente da verticalização anterior, não quer dizer que todo mundo agora seja igual, mas exatamente o contrário, quer dizer que todo mundo é diferente e há que se saber administrar as diferenças, tarefa nada simples.

Um remédio para cada um. Depois da massificação dos tratamentos protocolares e dos procedimentos padronizados, caminhamos a largos passos para a singularização de cada atendimento. Singularização, não particularização. O que é "singular" é incomparável, enquanto o "particular" é parte de um todo. Cada pessoa, a partir dos estudos genéticos, terá o seu remédio. Estão os operadores de saúde e seus gestores preparados para lidar com essa realidade inadiável? Ou ainda insistem na verticalização e generalização dos processos, típicos de TerraUm?

Hospitais e seus gestores. Princípio Responsabilidade. As enormes questões atuais não se resolvem invertendo a hierarquia: se antes os médicos mandavam nos hospitais, hoje teriam que se disciplinar aos princípios administrativos. Ledo engano! Mudar de cadeira não é mudar de posição, é continuar na mesma. Os modelos empresariais de gestão chegam aos hospitais com atraso, quando as idealizadas empresas já se deram conta de que terão que mudar de paradigma se quiserem sobreviver em TerraDois. Hospitais podem pular essa etapa, e gestores e médicos devem se ressituar no Princípio Responsabilidade desse novo tempo. O princípio do "custo e benefício" é reles para tratar da revolução da saúde. O fundamento que deve articular todos os que trabalham com a saúde, independentemente da posição, é ético. Em um mundo em que, do nascimento à morte, nada mais é como era dantes, as novas questões éticas clamam por respostas e posicionamentos. Para ficar só em dois exemplos das extremidades da vida, vejamos quantas questões éticas estão em jogo na manipulação dos embriões – uso de células-tronco embrionárias, congelamento de óvulos, doação de óvulos, de espermatozoides, de embriões, seleção de embriões, etc. – e no cardápio que virou a morte – eutanásia, distanásia, ortotanásia, suicídio assistido, etc.

2 O NOVO A.NORMAL

> O vírus vai passar; nossa relação com o intangível, não. Nenhum "novo normal" vai tapar o buraco da incompletude humana.

FOMOS APANHADOS DE SURPRESA. Passamos a viver sem previsão. Perdemos todos os nortes. Estamos desbussolados!

Uma única pergunta paira no ar de todas as mídias: "Como será o mundo pós-pandemia?". Só se fala em um tal de "novo normal", ou seja, busca-se desesperadamente refazer as normas da vida que foram abaladas, na certeza enganosa de que tudo se resolverá com alguns acertos, alguns jeitinhos do gênero: trabalhar à distância, sair dos grandes centros, utilizar melhor a tecnologia, enovelar a vida de família com a vida do trabalho, etc. É certo que isso se dará, que já mesmo está se dando. Agora, o problema é pensarmos que tudo se resolverá mudando as roupas de gaveta, reajeitando a vida em novas prateleiras do armário do chamado "novo normal". É pouco, é por demais superficial, é insuficiente para apreendermos a revolução que nos acomete.

O vírus vai passar; nossa relação com o intangível, não. Nenhum "novo normal" vai tapar o buraco da incompletude humana escancarada por essa pandemia. Sabemos muita coisa, podemos muita coisa, mas não será suficiente para sabermos tudo, para podermos tudo. Nosso progresso jamais abolirá a surpresa, o acaso do melhor ou do pior, parodiando o verso famoso de Mallarmé.

Uma nova era se inaugura, uma nova Terra, a TerraDois. Essa nova era tem como especificidade a busca pela harmonia com o intangível, com o que não conheço, com o que impacta, com o que não tem nome nem nunca terá. As eras éticas já esboçadas nessas colunas nos orientam sobre as quatro harmonias historicamente anteriores. Primeiro a harmonia com a natureza, depois a harmonia com o Deus, em seguida a harmonia com a razão, recentemente a harmonia consigo mesmo e, finalmente, hoje, a harmonia com o intangível.

De todas as harmonias essa é a mais frágil, móvel, flexível e instável. Ela requer a implicação de cada um em suas escolhas singulares do modo de viver. Como o mundo é incompleto nas respostas sobre o bem viver, cabe a cada pessoa dois movimentos éticos essenciais: inventar uma resposta que não há e responsabilizar-se por passá-la ao mundo. "Invenção e Responsabilidade" fazem IR, se me permitem o destaque das duas letras iniciais.

Assim pensando, só nos resta desejar que o defensivo, reacionário e acomodativo "novo normal" não nos coloque de volta no congelador das comidas prontas para requentar. Que não percamos a oportunidade de, sendo mais anormais, sermos responsavelmente criativos e criadores de um novo mundo.

3 DEZ AFORISMOS PELA VIDA

É fácil constatar que "quando começa a vida" é uma data dependente de uma convenção, não de uma prova científica.

QUANDO COMEÇA A VIDA? Essa é a questão fundamental que nos reúne nesta noite: "Quando começa a vida?", para que a vida já começada de milhões de pessoas possa melhorar ou continuar? Os organizadores, a quem agradeço o convite, pediram-me para falar até dez minutos. A prudência aconselhou-me a redigir um texto para que o entusiasmo das ideias e o calor da expressão não gerem descortesia para com os companheiros de mesa e o público.

Optei, então, por escrever e ler dez aforismos pela vida.

1. Quando começa a vida humana? É necessário precisar a questão. Vida e vida humana não se equivalem, não são sinônimos. Nisso estamos todos de acordo. Um chuchu pode estar vivo; uma vaca pode estar viva; uma parte do corpo humano, como a córnea, pode estar viva; todos contribuem à manutenção da vida humana, mas não respondem à pergunta que nos reúne.

2. Quando começa a vida humana? Será que é a ciência que vai nos responder precisamente? Ora, o paradoxo epistemológico determina que na ciência o que se realiza pode ou não ser científico, segundo critérios bem definidos e compartidos nas academias; mas a razão, a importância daquilo que se produz – razão no sentido de motivo – não é passível de ser provada cientificamente; o que não diminui em nada a importância dos cientistas nesse debate, mas os reposiciona. Aqueles que diariamente contribuem para os avanços da ciência desenvolvem especial sensibilidade a seu emprego ético; pronunciei a palavra um tanto desgastada: ética. Estamos em uma encruzilhada ética. Teremos que diferenciar ética de moral. Ética como as condutas que se adotam frente à variedade humana; moral como a padronização de uma dessas variações defendida por grupos de influência, por razões não científicas. Assim, dizer boa ou má ética já é, em si, uma atitude moral.

3. Quando começa a vida humana? Não será como a de todos os animais; na concepção, no encontro de um óvulo com o espermatozoide? O poeta Keats compõe em um jardim de Hampstead, em abril de 1819, sua "Ode a um rouxinol". O rouxinol que Keats ouvia naquele jardim era o eterno rouxinol, o mesmo que foi ouvido por Ovídio ou por Shakespeare, mas, para sua tristeza, ele – Keats – não era o mesmo que Ovídio e Shakespeare; constatação que só piorou o seu

desconsolo. Assim somos nós, os humanos: indivíduos da mesma espécie, mas não a mesma espécie de indivíduos.

4. Quando começa a vida humana? E nela, o que nos diferencia dos animais? O fato de sermos seres da linguagem e não do instinto. Uma mula é sempre uma mula; um macaco, sempre um macaco; um cachorro, sempre um cachorro. O homem pode se comportar como uma mula, fazer uma macaquice ou uma cachorrada. O homem não é sempre um homem, é o único animal que duvida, a começar, de si próprio, como diria Ruy.

5. Quando começa a vida humana? As variadas respostas indicam suas dependências dos pontos de vista adotados. Não há um consenso. As respostas mais comuns são que a vida humana começa:

   a) No momento da fecundação, quando um espermatozoide penetra um óvulo e seus núcleos se combinam;

   b) Quando o sistema nervoso atinge uma formação suficiente para o seu funcionamento autônomo, entre o terceiro e o quinto mês de gestação;

   c) No momento do nascimento, ao se cortar o cordão umbilical; e ainda

   d) Quando o ser tem condições de fazer os primeiros registros de memória, reagindo ao aparecimento e desaparecimento de uma pessoa próxima – o chamado "sinal do espelho".

6. Quando começa a vida humana? É fácil constatar que começa em uma data dependente de uma convenção, não de uma prova científica. Salvo a primeira ideia – a do momento da concepção –, bravamente defendida por grupos religiosos militantes, os outros segmentos sociais não têm dificuldade em concordar que o mais cedo que a vida humana começa é com a autonomia do sistema nervoso central. E isso porque

já é de boa aceitação que a morte é, em nossa sociedade, definida pelo oposto, a saber, pela parada de funcionamento do sistema nervoso. Aí, nesse momento, coração bate, pulmão respira, estômago digere e, no entanto, há vida, mas não vida humana – razão que possibilita a fundamental doação de órgãos. Por que não nos é claro o oposto? Se um corpo inteiro funcionando está morto com a parada do cérebro, como um conjunto de quatro a oito células indiferenciadas, fora do organismo, congeladas, *in vitro*, pode ser chamado de vida humana – e seu uso terapêutico, de assassinato de indefesos?

7. Quando começa a vida humana? Estive no Supremo Tribunal Federal, na audiência pública em que seus ministros ouviram cientistas de posições opostas como parte do julgamento da ADIN (Ação Direta de Inconstitucionalidade)contra o uso de células-tronco embrionárias em pesquisa e terapia. Três notas que dispensam comentários:

    1. De uma assim chamada cientista: "No zigoto de Mozart, já estavam escritas suas sonatas; no de Drummond, seus poemas";

    2. Do ex-procurador-geral da República, autor da ADIN: "A doutora Mayana Zatz, que é o principal elemento de quem pensa diferentemente da gente, tem também uma ótica religiosa, na medida em que ela é judia e não nega o fato";

    3. O *site* de publicações científicas Medline indica, entre os cientistas ouvidos pelo Supremo Tribunal Federal, que aqueles a favor das pesquisas com células-tronco embrionárias já publicaram 257 trabalhos nesse campo, enquanto os que são contra publicaram sete.

8. Quando começa a vida humana? Dizia-se ser uma questão ética. A grossíssimo modo, dividiríamos em grandes períodos:

uma ética do temor de Deus, reinante até o Iluminismo; uma ética da razão, dele até o final do século passado; e uma ética da responsabilidade e do desejo (Hans Jonas e Jacques Lacan, entre outros), desde então. Nessa ética atual, não cabe o argumento de que o melhor é não começar essas pesquisas, pois sabemos qual será a próxima, a que ponto elas vão nos levar, como dizem os velhos sábios e seus jovens e garbosos acólitos, em tom profético-ameaçador. Na ética de nossos dias, é de nossa responsabilidade não só o conhecido, mas também o descoberto, a invenção. Não há um outro que zele por nós de quem devemos aguardar o sopro esclarecedor. Não temos por que enxergar nos cientistas criminosos disfarçados, a não ser em nossas fantasias.

9. Quando começa a vida humana? Vim para esta mesa sabendo que temos posições diferentes e pouco flexíveis. O que pretendi foi só dizer a minha opção: não desisto de reconhecer no ser humano o estatuto da dúvida, que lhe é inerente, e não almejo para ele a semelhança de uma vaca instintiva, que define sua trajetória no primeiro encontro de um espermatozoide com um óvulo.

10. Quando começa a vida humana? Em muitos momentos. Quando, por exemplo, as pesquisas com células-tronco embrionárias possibilitarem devolver os movimentos dos braços e das pernas à vereadora Mara Gabrilli, organizadora desse encontro, para que possamos sentir o seu abraço.

São Paulo, 20 de junho de 2007.

4 MAKTOUB? A INFLUÊNCIA DA PSICANÁLISE SOBRE A EXPRESSÃO DOS GENES

Dependendo da época, sempre o humano buscou um lugar onde estaria escrita a sua história. Se ontem era nas estrelas, o que o levava, e ainda leva, a consultar astrólogos; hoje é no genoma.

NOTAMOS DUAS CORRENTES entre os psicanalistas no confronto atual da psicanálise com os laços discursivos do século XXI: uma que privilegia os alertas de não desnaturalização da psicanálise, outra que privilegia as novas possibilidades que se abrem para a psicanálise, exatamente a partir dessas mudanças. Essas correntes não se excluem e motivam esta pesquisa.

Maktoub é um velho e confortável sonho da humanidade: está escrito meu destino em algum lugar, logo, só me resta saber lê-lo e cumpri-lo. Maktoub retira a responsabilidade do sujeito sobre o seu destino.

Dependendo da época, sempre o humano buscou um lugar onde estaria escrita a sua história. Se ontem era nas estrelas, o que o levava, e ainda leva, a consultar astrólogos; hoje é no genoma, no sequenciamento dos genes humanos, que ele busca o conforto do Maktoub.

Curiosamente, em entrevista recente, de 13 de abril de 2008, ao jornal *O Estado de São Paulo*, Craig Venter, um dos mais importantes pioneiros da genômica, contraria a ideologia cientificista ao afirmar:

> **Sim, os seres humanos são animais
> altamente influenciáveis pela genética,
> mas são também a espécie mais plástica do
> planeta em sua capacidade de se adaptar
> ao ambiente. Há influências genéticas,
> sim, mas acredito que as pessoas são
> responsáveis por seu comportamento.**

Esta afirmação de Venter coincide com a posição da maior parte de geneticistas e os aproxima dos psicanalistas em um ponto fundamental para o desenvolvimento das pesquisas, a saber: não há uma relação biunívoca entre o genótipo e o fenótipo, entre o mapa genético e sua expressão, conhecida como expressão gênica. Existe uma distância que só é preenchida singularmente, não universalmente – em nosso jargão – por objetos a. Temos aí um campo comum aos cientistas, aos psicanalistas e, lembro de passagem, também aos filósofos, como Hans Jonas e seu Princípio Responsabilidade necessário para o pensamento ético atual, exatamente em decorrência das mudanças do laço social na globalização. À quebra de padrões da verticalidade das identificações, nessa nova sociedade de rede, plana, ou horizontal, como preferirem, corresponde, em igual medida, o aumento da responsabilidade subjetiva frente ao encontro e à surpresa, que deve ser possibilitada pela clínica psicanalítica de orientação lacaniana.

Os avanços das pesquisas científicas na Genética importam ao psicanalista de hoje, como importaram os avanços da Física ao psicanalista de cem anos atrás; a Genética representa, em nossos tempos, para a ciência, o que a Física já representou: o lugar de ponta do avanço científico.

Retomo nessa breve comunicação – e porque me foi solicitado – o que apresentei aos colegas europeus reunidos em Paris, por ocasião da 36ª Jornada de Estudo da Escola da Causa Freudiana, há poucos meses, em 6 de outubro de 2007. Tenho novos resultados, mas a essência da pesquisa é a mesma.

Os fatos clínicos que passo a lhes relatar ocorrem na Universidade de São Paulo, mais precisamente no Centro de Estudos do Genoma Humano, centro de referência científica mundial. Sua diretora, a professora Mayana Zatz, é também a Pró-Reitora científica da Universidade e recebeu o prêmio da Unesco conferido à melhor cientista da América Latina.

Na origem dessa colaboração aparentemente surrealista entre um guarda-chuva e uma máquina de costura, ou, mais precisamente, entre a psicanálise e a genética, está uma pergunta que fiz à professora Mayana Zatz, no nosso primeiro encontro de trabalho, baseada no já exposto: "Você acredita que exista uma relação biunívoca entre o genótipo e o fenótipo?".

O que eu visava, em termos psicanalíticos, era compreender qual é a consistência, para ela, de seu sujeito-suposto-saber. Para minha agradável surpresa, sua resposta foi imediata: "Claro que não! Quem lhe disse tamanha besteira?". Como num *flash*, lembrei-me dos fóruns realizados no Palais de la Mutualité, por Jacques-Alain Miller, sobre a emenda Accoyer; pensei em colegas pedindo asilo a uma pretensa ciência das localizações cerebrais; enfim, todos esses ironicamente notáveis avanços da sociedade de controle com os quais temos nos confrontado. Muitos acreditam nessa "besteira", tal como qualificou a cientista.

Nós criamos um serviço de psicanálise no Centro de Estudos do Genoma Humano – atividade, aparentemente, pioneira no mundo. Como consequência dos resultados que começamos a publicar, temos sido consultados para a sua reprodução.

A primeira pesquisa que realizamos foi formalizada a partir de um diagnóstico situacional sofre o sofrimento relatado pelos pacientes e pelos geneticistas. Detectamos um novo e verdadeiro vírus do laço social que nós denominamos RC, iniciais de "Resignação e Compaixão". Resignação dos pacientes, Compaixão das famílias. Fomos acostumados a procurar um médico quando sofremos de algo e não quando estamos nos sentindo muito bem. No entanto, um fenômeno típico do nosso tempo, que era antes impensável, é a comunicação, a uma pessoa, de um diagnóstico e prognóstico científicos, anunciando-lhe uma doença futura, da qual ela ainda não sofre e que, frequentemente, tem um nome estranho, geralmente aterrorizante. Passado um primeiro momento de raiva, quase sempre a pessoa escolhe alienar-se no sujeito-suposto-saber do imaginário social, ou, em outros termos, em um sofrimento *prêt-à-porter*. Sabemos bem como a sociedade é capaz de produzir sofrimentos e alegrias em modelos *prêt-à-porter*.

Ao adotar tal atitude, o sujeito deixa a porta aberta a dois problemas. Primeiro, resignando-se, ele antecipa o sofrimento e facilita por esta antecipação o progresso da doença anunciada. Segundo, do lado da família, justaposta à resignação, surge a compaixão que, sob sua face de virtude, esconde o vício da acomodação indiferente, congelando a situação em um dueto dor-piedade. É o motivo por que intitulamos nossa pesquisa "Desautorizar o sofrimento" – entenda-se, o sofrimento padronizado.

Conseguimos verificar que uma ação psicanalítica era possível com esses pacientes, retirando-lhes a segurança da solução *prêt-à-porter* e devolvendo-lhes a surpresa do encontro que eles haviam tido em suas vidas com aquele terrível veredicto. Nós entendíamos que nosso "sujeito-suposto-saber", criativo e responsável, traria benefícios a dois aspectos críticos: o momento imediato e o progresso da doença.

Pudemos notar na prática clínica o que Jacques-Alain Miller anunciou ao propor o tema das últimas jornadas da Escola da Causa Freudiana:

> **Quando trabalha na potência máxima, a psicanálise faz, para um sujeito, vacilar todos os semblantes... (incluindo aqueles da dor, devemos adicionar).... Isto libera um sinal de abertura, talvez de inventividade ou de criatividade que está na contramão do festim de Baltazar. O que daí emerge, na melhor das hipóteses, é um sinal que diz "Nem tudo está escrito".**

Uma objeção ao mestre contemporâneo: nem tudo está escrito. Até mesmo quando está escrito no código genético, existe um *gap*, uma distância entre o escrito, o genótipo que citávamos, e sua expressão, o fenótipo. É a isso, como dissemos, que se chama "expressão gênica".

Expliquemos melhor. O genoma humano, ou genoma de uma pessoa, é o conjunto de todos os genes que ela herdou de seus pais. Os genes são sequências de DNA responsáveis pela codificação das proteínas. Se analisarmos o DNA de uma pessoa, ele será o mesmo em todos os tecidos, mas as proteínas são diferentes em cada tecido: por exemplo, nas células do fígado, acharemos as proteínas ou produtos que são essenciais para manter as funções hepáticas. Por isso dizemos que os genes "se expressam" de maneira diferente em cada um dos tecidos.

A expressão dos genes depende também do ambiente. Por exemplo, os genes de um cérebro que foi exposto à educação terão uma expressão diferente daqueles que não o foram. Esta mudança de expressão é "epigenética", pois ela não será passada aos descendentes.

Sabemos também que os chamados "neurotransmissores" são influenciados pelo que chamamos de "ambiente". Rita Levi Montalcini, que recebeu o prêmio Nobel de medicina, demonstrou que os neurotransmissores podem influenciar o sistema imunológico, o que tem um papel importante no desenvolvimento de certas doenças. Uma das hipóteses de trabalho é, então, que a psicanálise poderia influenciar a expressão de genes que modulam os neurotransmissores e ter um efeito – nada banal – sobre a velocidade de progresso de uma doença neuromuscular, por exemplo.

Por um ano, nós acompanhamos dezenove pacientes dentre os que solicitaram ser atendidos por um psicanalista no Centro de Estudos do Genoma Humano. Suas doenças eram muito variadas: distrofia muscular de Duchenne, distrofia miotônica de Steinert, distrofia muscular facioescapuloumeral, ataxia espinocerebelar.

A primeira e às vezes também a segunda sessão de entrevistas são feitas por mim – utilizo o presente em razão da continuidade desses trabalhos, agora abertos também às famílias – na presença da professora Zatz. As entrevistas são transmitidas diretamente a uma equipe de psicanalistas do Instituto da Psicanálise Lacaniana de São Paulo, associado ao Instituto do Campo Freudiano. Elas visam determinar o campo de incidência da separação entre S1 e S2. Citemos o mesmo texto de Jacques-Alain Miller:

Isto define a condição da própria possibilidade do exercício psicanalítico. Para que haja psicanálise, é necessário que seja lícito, permitido – e é isso que esbarra nos poderes estabelecidos de outros discursos –, atingir o significante-mestre, fazê-lo cair, revelar sua pretensão ao absoluto, como um semblante, e substituir-lhe pelo que resulta da embreagem do sujeito do inconsciente sobre o corpo, isto é, o que chamamos com Lacan de objeto a.

Em seguida a essas entrevistas preliminares, que são discutidas com toda a equipe, um dos membros assume a direção do tratamento analítico em sessões semanais. A professora Zatz e eu revemos todos os pacientes a cada três meses.

A adesão ao tratamento foi total. Não houve uma única ausência a qualquer das consultas durante todo o ano e vale lembrar que essas pessoas têm dificuldades de locomoção. Suas mudanças de posição com relação ao gozo foram evidentes, assim como o foi a mudança de posição das famílias com relação ao sentimento de "pena". Ainda não temos a possibilidade de saber os efeitos precisos sobre a progressão da expressão da doença.

Essa prática clínica, pouco padronizada, nos ensina muitas coisas – entre outras:

- que existe a possibilidade de uma prática da psicanálise entre vários, como aquela que foi descrita pelos colegas do R.I.3;
- que existe a possibilidade de transmitir, pela clínica, o *"savoir faire"* técnico inspirado na segunda clínica de Jacques Lacan, aquela que chamamos de Clínica do Real;

- particularmente, que existe abertura a uma colaboração com os cientistas que não se limita a dizer que Freud também era um neurologista. Isto confirma a necessidade de se respeitar as diferenças entre os discursos para fazê-los colaborar.

Para terminar, mencionarei o testemunho espontâneo de um paciente, escrito e autorizado por ele, doutor em odontologia, vítima de uma distrofia das cinturas. Ei-lo:

Desejo relatar a importância do projeto Análise neste momento de minha vida. Ao principiar o projeto, a rápida progressão da distrofia era inerente e visível e esta situação era sofrida e triste. Em uma época não muito distante, eu jogava futebol, andava de bicicleta, nadava; quando, passados meus 33 anos, comecei a sentir dificuldades para subir escadas, para correr, para chutar a bola. As quedas se tornaram cada vez mais frequentes e ao cair eu feria não só os joelhos, os cotovelos, o nariz e a cabeça, como também meu estado emocional, minha alma. Estas quedas frequentes me faziam perder a motivação para realizar minhas atividades pessoais e profissionais, eu me tornava cada vez mais assombrado por uma projeção: a de estar cada vez mais próximo de depender de uma cadeira de rodas. De certa maneira, estava antecipando o sofrimento. Não sabia mais o que pensar! Foi após uma dessas quedas que eu viajei para São Paulo... contei minha falta de motivação em

consequência das quedas. Cair para mim era tão desencorajador! Gentilmente, a doutora Mayana me convidou a participar do projeto Análise.
Eu sei que a progressão da distrofia é concreta e que suas consequências são claras em meu corpo, marcado principalmente pelas modificações da força, do tônus e do contorno dos músculos, das quais resultam limitações nos movimentos. Aprendi que a realidade da distrofia não é fixa, que ela pode ser mutável, plástica, flexível e modelável. Eu aprendi a fazer dela um detalhe, com o afastamento que se deve... uma analogia interessante é pensar que a distrofia é como uma rede no oceano: se o peixe ficar preso nela, ele morrerá. Portanto, com esse trabalho no projeto Análise, eu aprendi que após o horror do diagnóstico, a rede realmente trava, mas o mar é muito grande e a tarefa é não ficar nela! Assim como na vida, o mar permite criar caminhos diferentes, para ir além da rede... A distrofia é apenas um detalhe na multiplicidade dos corpos e tratá-la assim é formidável. As quedas hoje em dia não me assustam mais... há várias alternativas para me levantar. O objetivo maior é "desautorizar o sofrimento".

Assim concluímos: a clínica dos objetos a na experiência psicanalítica possibilita ao homem do século XXI liberar-se dos novos Maktoubs, e, em decorrência, responsabilizar-se sobre o osso de sua existência de uma forma renovada e inventiva.

5 A CIÊNCIA PEDE ANÁLISE

A incompletude humana não necessita de defensores, ela se impõe por si só.

ESTAMOS EM UM TEMPO DE NOVAS SUBJETIVIDADES. De um mundo que organizava seu laço social verticalmente – estrutura da qual advém a aplicação e a importância na psicanálise do Complexo de Édipo, uma estrutura também vertical –, estamos passando para um mundo horizontalmente orientado, além do Édipo, que nos exige reformulações teóricas e clínicas radicais. Esse mundo, que assusta os que viviam no conforto da era anterior, vê tentativas desesperadoras de um suposto retorno ao passado, por meio de falsas garantias de neorreligiões, de livros de autoajuda e de messianismos técnico-científicos.

Não me incluo, entretanto, em uma corrente de psicanalistas que demonizam os cientistas alertando, com cara sisuda e de conteúdo, que devemos nos precaver contra os terríveis perigos que representam os avanços das pesquisas científicas para uma vida qualificada. Não me parece sustentável afirmar que as pesquisas científicas, especialmente em genética, são as grandes responsáveis pelas tentativas atuais de contabilizar o humano e pelos absurdos ciframentos existenciais. Reconheço que essa ideologia está sobejamente presente em nossos dias, especialmente em um novo tipo de imprensa marrom, que transforma cada avanço genético em um degrau do paraíso. Desse mal, sofremos os psicanalistas, mas os cientistas sérios, também.

Em um de meus doutoramentos, no caso, exatamente em Ciências, na Faculdade de Medicina da Universidade de São Paulo (USP), tive a ocasião de estudar não o que dizem sobre os cientistas, mas o que eles próprios dizem de suas descobertas.

Craig Venter, por exemplo, o primeiro a decodificar o genoma humano, afirma, em entrevista no dia 13 de abril de 2008, ao jornal *O Estado de São Paulo*:

> **Sim, os seres humanos são animais altamente influenciáveis pela genética, mas são também a espécie mais plástica do planeta em sua capacidade de se adaptar ao ambiente. Há influências genéticas, sim, mas acredito que as pessoas são responsáveis por seu comportamento.**

Christian de Duve, biólogo belga, que recebeu o prêmio Nobel de fisiologia/medicina, em 1974, escreve em seu livro de 2009, *Genética do pecado original*, que a transmissão não é feita só pelo DNA:

É importante notar que a rejeição do lamarckismo concerne unicamente à hereditariedade transmitida pelo DNA. Os últimos anos viram a descoberta de muitas outras formas de hereditariedade suscetíveis a uma explicação lamarckiana.

Na mesma orientação, encontramos o eminente biólogo britânico Denis Noble, opositor das teses reducionistas de seu conterrâneo Richard Dawkins. Para Noble, "os genes não podem ser tomados isoladamente, mas como integrantes de um sistema múltiplo, como na gaita de foles". Em seu livro de 2006, *A música da vida*, ele também põe em suspensão a dicotomia maniqueísta Darwin × Lamarck: "É uma ideia consagrada que Darwin e Lamarck se opuseram sobre os mecanismos da hereditariedade. A verdade é que nem um nem outro tinham a menor ideia desses mecanismos" (p.164).

Por seu lado, a cientista brasileira Mayana Zatz, Professora Titular de Genética Médica da USP, afirma que a facilidade em se obter o genoma pessoal a cada esquina está perto de ser verdade, o que ocasionará, em vez de certezas, um possível congestionamento nos consultórios dos psicanalistas, dada a imensa ansiedade que será gerada pela massa de informação sem sentido definido.

Não nos cabe a cruzada anticientífica. A incompletude humana não necessita de defensores, ela se impõe por si só e cabe aos analistas saberem estar no seu tempo, recolhendo os efeitos das novas sombras criadas pela forte luz dos avanços científicos. O que melhor para isso senão a Clínica do Real, de Jacques Lacan?

Nessa vertente, e há seis anos dirigindo uma clínica de psicanálise, no mais influente centro de pesquisas genéticas da América Latina, passo a dividir com vocês algumas questões sobre as novas subjetividades, que põem em xeque todas as respostas anteriores – jurídicas, éticas, médicas e similares. Contarei dois casos, omitindo propositalmente a conduta que adotamos em cada um, para que vocês melhor participem dessas decisões difíceis e atuais. Extraio esses exemplos de minha prática na Clínica de Psicanálise do Centro do Genoma Humano da USP. Esses casos foram relatados de forma diversa, pela já citada Mayana Zatz, em livro recente: *genÉTICA*. São situações nas quais a Ciência pede Análise.

Uma jovem indígena, grávida de seu terceiro filho, influenciada por uma assistente social, consegue fazer um exame pré-natal para detectar a possibilidade de o feto ser portador de um gene que causa distrofia muscular progressiva. Como a moça já tinha tido dois filhos que manifestaram a doença depois dos três anos de idade, as autoridades da tribo, cacique e pajé, queriam sacrificar a criança ao nascer, para evitar possíveis problemas futuros. A assistente social esperava que com um teste negativo, a criança fosse poupada. Não levou em conta o caso contrário, os 25% de possibilidade de ser positivo. O que fazer com o resultado positivo: contar para a família, sabendo que o bebê será morto ao nascer? Não contar e fugir à obrigação de revelar o resultado? Disseram os juristas consultados que as duas posições eram passíveis de processo. Fato, aliás, que mostra a necessidade da revisão de nossas leis, obsoletas frente às novas questões colocadas pela ciência. O psicanalista é consultado: o que vocês fariam?

Outro exemplo. João e Maria trazem Pedro, de quatro anos, para confirmar o diagnóstico de uma grave doença neuromuscular que os aflige e também querem saber o risco de terem mais filhos com o mesmo problema. João especialmente se martiriza, pois, quando herdada, trata-se de uma mutação transmitida pelo pai. O exame confirma a doença, mas, ao mesmo tempo, mostra que João não é o pai da criança. Mais uma questão aos juristas e a todos. De novo o psicanalista é consultado: O que vocês fariam?

Como havia comentado, os resultados genéticos mais inquietam que determinam a justa conduta. Aproveito para informar – o que não é sem importância para psicanalistas – que foi constatado que o pai biológico é outro, em 10% dos casos estudados. A Inglaterra apresenta a mesma porcentagem.

Em âmbito diferente, mas em igual vertente lógica, fomos convidados a participar da audiência de esclarecimento que o Supremo Tribunal Federal brasileiro promoveu para se preparar, não faz muito tempo, ao voto da legalidade das pesquisas com células-tronco embrionárias. A questão básica era a de quando começa a vida, pergunta cuja resposta ultrapassa os domínios da biologia e da ciência em geral. Os biólogos e os juízes entenderam ser importante incluir a psicanálise de orientação lacaniana na opinião e no debate.

São essas as razões aqui apenas esboçadas, caros colegas, que me levam a entender que o psicanalista de hoje deve se preparar para responder à crescente demanda de análise originada das novas subjetividades produzidas, em uma época de supremacia do Real.

6 QUE TERROR!

Não é correto diagnosticar os efeitos psíquicos dessa pandemia como uma histeria.

ESTAMOS SENDO DURAMENTE APRESENTADOS a uma das formas do incompleto das nossas vidas, na figura desse vírus avassalador. Estamos em perigo! Freud diferenciava – em um texto escrito há exatos cem anos, *Além do Princípio do Prazer – três formas distintas de reagir ao perigo: Angústia, Medo e Terror*, como o cito:

"Angústia" designa um estado como de expectativa do perigo e preparação para ele, ainda que seja desconhecido; "Medo"

> requer um determinado objeto, ante o qual
> nos amedrontamos; "Terror" se denomina
> o estado em que ficamos ao correr um
> perigo sem estarmos para ele preparados,
> o terror enfatiza o fator surpresa.

A atual pandemia nos aterroriza. É como se vivêssemos um combate de guerrilha. Nosso inimigo é pequenininho. Sabemos da sua existência, mas não temos ideia de como, quando e por onde ele vai nos atacar. Ele nos surpreende dolorosamente.

Ela – a pandemia – é um terror. As reações a esse terror é que podem assumir matizes variáveis, entre outros: histéricos, obsessivos, perversos, paranoicos, psicóticos. Em uma situação dessas, cada pessoa vai escarafunchar seus sintomas de base e os expressa.

O histérico pode dramatizar excessivamente esse momento, ou fazer o contrário, ficar indiferente (*"La belle indifférence"*). O obsessivo encontrará justificativa para suas manias de limpeza, de distância, de rituais, ou pode hipertrofiar a arrogância do "comigo ninguém pode", do "eu sou imbatível". O perverso terá dificuldade em disfarçar seu prazer sádico. O paranoico consolidará suas teorias persecutórias. O psicótico se verá tomado de sentimentos desagregadores. Em ocasiões desestabilizadoras, como dito, a pessoa recua e hipertrofia seus sintomas mais habituais. É um mau tratamento do terror.

O que podemos almejar? Um duplo movimento: de um lado, no que é passível de compreensão, ganhar terreno sobre o terror invasivo transformando-o em um medo racional e objetivo. É o trabalho que médicos e profissionais de saúde estão fazendo. Que ninguém pense que do terror virá uma grande alegria. Bobagem! Se vier o medo, já teremos um caminho mais trilhável. Por outro lado, uma vez que o incompleto e a surpresa não vão desaparecer, é de se esperar um aumento da solidariedade humana, no momento em que um vírus desmascara nossa fragilidade constitutiva comum. O "eu preciso de você" é universal e não local.

O que pode nos preocupar? Que esse momento de confiança no laço social seja abalado pelo desprezo de uma civilização que nos maltrata com suas respostas ruins; no limite, com a possibilidade da fome e da morte. Aí, se isso ocorrer, o terror se consolidará.

7 ONDE VAI PARAR A COSMIATRIA?

Se antes o médico era procurado para restituir a saúde que havia sido perdida, em nossa época, cada vez mais, o médico é solicitado a acrescentar uma saúde que não existia.

ELA TINHA RUGAS NA TESTA, consertou com um pouco de toxina botulínica. Suas sobrancelhas, em consequência, levantaram nas laterais; ela ficou com olhar de bruxa. Mais uma aplicação e a testa ficou lisa e imóvel; agora, ela ficou com cara de paisagem. Ele brigou, ela chorou.

Historietas semelhantes se repetem no dia a dia dos consultórios. Onde parar, quando a natureza não é mais o limite? Esta é a questão. Até pouco tempo atrás – não muito mais que trinta anos –, a vontade de mudar era menor que a possibilidade tecnológica de fazê-lo. E isto não só na medicina. Um telefone, por exemplo, era substituído quando um novo produto era fabricado, com evidente superioridade sobre o anterior. Hoje, não é a superioridade o foco principal da oferta de novas tecnologias, mas a diversidade e a multiplicidade. Não se faz um novo produto porque há uma demanda do mercado, mas, em uma inversão revolucionária, tecnologia gera tecnologia, um novo produto começa a ser fabricado antes mesmo que o seu anterior seja comercializado, gerando um efeito paradoxal: a necessidade de fabricar demanda.

Qual a incidência desse fenômeno na medicina? Semelhante a outros campos, aqui também o "pode" passou à frente do "deve". Se antes o médico era procurado para restituir a saúde que havia sido perdida, em nossa época, cada vez mais, o médico é solicitado a acrescentar uma saúde que não existia. Saúde entendida em amplo sentido. Assim surgiu, mais especificamente na dermatologia, o termo "cosmiatria", palavra composta de um prefixo vindo da cosmética e o sufixo, da medicina. A timidez inicial dessa prática vem cedendo lugar a seu amplo uso, motivo que precipita a discussão ética dos limites.

Uma forte tendência da medicina atual é a chamada "medicina baseada em evidências". Sob esse título se designa uma prática clínica fundamentada nas provas empiricamente demonstradas que geram frases, muito repetidas em congressos, do tipo: "os últimos trabalhos mostram que", nas quais o importante é o "mostram", como se uma pesquisa "mostrasse" algo, indiferente ao pesquisador. Dessa forma, diminuindo a subjetividade do médico na clínica, erraria-se menos, acreditam. O que passa despercebido é que, simultaneamente, essa tendência transforma o médico em um simples aplicador de tecnologia. Já vemos pacientes que exigem de seu médico tal ou qual remédio ou procedimento que viram em fantásticos programas de televisão, entendendo ser má vontade se não forem atendidos dessa forma. Casos de médicos apanhando por se recusarem a este tipo de exigência, começam a ser frequentes. Como tratar?

Entre o progresso tecnológico, as provas científicas empíricas, e as exigências e as queixas dos pacientes, o médico de hoje terá que se reposicionar eticamente. Não se deve esperar que os exames clínicos diminuam a responsabilidade do médico, anulando a sua subjetividade. Frente aos mesmos exames, de um mesmo paciente, as possibilidades clínicas sempre serão múltiplas. É impossível eliminar a dúvida e a escolha da direção de um tratamento. Esta é a palavra: "escolha". Se a tecnologia ultrapassou o limite da necessidade, apresentando um excesso inútil, o ato médico não mais se sustenta no que é necessário para um paciente, mas no que é desejável. E aqui não há empiria que mostre seja o que for. Não há camuflagem subjetivante possível, entenda-se, desaparecimento da pessoa do médico sob o manto da demonstração científica. Frente aos barbarismos de uma aplicação lesiva e irresponsável dos progressos técnicos, reatualiza-se a lição elementar de Miguel Couto: a clínica é soberana. "A clínica é soberana" pode ser a divisa da reconquista da medicina pelos médicos transformados em agentes da tecnologia. Qual a receita?

Sapere aude, ou seja, ter a "audácia de saber" que o ato médico é inevitavelmente da responsabilidade de quem o realiza.

8 ESTÁ TODO MUNDO DEPRIMIDO

Ser feliz dá um trabalho danado. Chega até a assustar, mas não mata, não.

SER FELIZ DÁ UM TRABALHO DANADO. Chega até a assustar, mas não mata, não.

Está todo mundo deprimido, a felicidade foi embora.

Se em uma reunião pudéssemos fazer raios-X das bolsas e dos bolsos, encontraríamos, entre os gêneros de primeira portabilidade, comprimidos de antidepressivos. O que antes tinha emprego discreto, hoje virou conversa de salão. Discute-se qual medicamento cada um toma, como reagiu, há quanto tempo, se o genérico substitui bem o oficial e por aí vai. E se a fala corre solta, sem o comedimento anterior, é porque uma forte propaganda convenceu muita gente de que a depressão é uma doença como outra qualquer, como quebrar o braço em um acidente ou contrair malária. Essa propaganda de fortes coloridos interesseiros da indústria farmacêutica, associada a uma medicina que se orgulha por ser baseada em evidências – aquela em que o médico não dá um passo sem pedir um monte de exames –, veiculou a ideia de que você não tem nada a ver com a sua depressão, que os sentimentos são cientificamente mensuráveis e, em decorrência, controláveis.

Sobre isso, Heiddeger contava uma história engraçada. Dizia que um cientista afoito para provar suas teses de medição da felicidade e da tristeza começou a visitar os velórios de sua cidade carregando tubos de ensaio, nos quais recolhia a quantidade de lágrimas que viúvos vertem a cada três minutos. Podemos imaginar a cena!

Mutadis mutandis, se alguém já viu um interrogatório desses que querem medir o estado depressivo – com algumas nobres exceções – verá que é difícil escapar de ser tachado de doente, quando perguntas como essas lhe são dirigidas, simultaneamente: "Você tem dormido pouco, ultimamente?", ou "Você tem dormido muito, ultimamente?".

Por que essa euforia da depressão? Será mesmo, como muitos respondem, por uma desregulação dos níveis do neurotransmissor serotonina? A serotonina ficou até popular, todo mundo fala dela como do colesterol. Ela é íntima. Agora, por que a serotonina ficou alterada de repente em tanta gente? Alguma epidemia viral de vírus antisserotonina ou coisa que o valha? Não parece.

Prefiro pensar que se há muita depressão – *lato sensu* – é porque sofremos uma revolução dos parâmetros que atuam na formação da identidade. Na saída da sociedade moderna para a pós-moderna, não temos mais termômetros de certo e errado que serviam para as pessoas se orientarem se estavam bem ou mal. Com o fim desse maniqueísmo, nossos tempos exigem maior responsabilidade individual no seu bem-estar. Aí, muitos fraquejam. Dou um exemplo simples: uma pessoa cruza com um conhecido na rua e o cumprimenta. O outro não responde e segue seu caminho. Qual a primeira pergunta que vem na cabeça de quem fez o cumprimento? O que vem é: "O que foi que eu fiz?", no sentido de uma bobagem que ele teria cometido e motivo da falta de resposta ao cumprimento. Quando a identidade, como nesse caso, titubeia, ela se regenera, paradoxalmente, na autodepreciação. Daí para se sentir deprimido é um pequeno passo. E, para complementar a receita, como estamos na época da medicalização da vida, na qual se acredita que para tudo tem remédio, pronto, tasca antidepressivo nele.

Triste tempo esse, realmente, em que tentam dessubjetivar a responsabilidade pessoal frente aos sentimentos. Mas não vai funcionar, como nunca funcionou na história da humanidade quando já tentaram amordaçar o desejo humano.

Ser feliz dá um trabalho danado. Chega até a assustar, mas não mata, não.

9 O PERIQUITO DO REALEJO VIROU GENOMA

Hoje, cada vez mais, vai-se ao médico para saber o que vai lhe ocorrer.

HÁ UM *FRISSON* NO AR. Dentro de pouco tempo, uma pessoa encontrará nas boas farmácias do ramo testes genéticos que informarão da tendência de alguém ser acometido por uma doença grave. Vocês podem imaginar a paranoia que vai se instalar? Se antes comparávamos o que o papelzinho da sorte escolhido pelo periquito do realejo dizia, agora a coisa parece mais séria, do tipo que ninguém escapa, fatal: "Tirei 35% de possibilidade de Alzheimer, e você? Nossa, 58%! Ah, é melhor você já ir se despedindo da sua família enquanto ainda os reconhece".

As informações genéticas deverão ser interpretadas duplamente: geneticamente e psiquicamente. Geneticamente, será fundamental saber como valorizar o achado de uma determinada mutação. Não bastará saber se é grave ou não, pois é necessário saber do grau de manifestação somático daquele determinado distúrbio. Mutações aparentemente graves em si podem não se manifestar por uma vida inteira, enquanto outras mais leves podem acabar sendo mais problemáticas. Será necessário uma espécie de banco de DNA de idosos sadios, para se tentar inferir, por comparação, a relevância de um achado no exame do DNA. Esses bancos começam a ser construídos.

Do ponto de vista psíquico, estamos também confrontados a um fenômeno totalmente novo: até recentemente as pessoas iam a um médico para saber o que tinha lhes ocorrido. Hoje, cada vez mais, vai-se ao médico para saber o que vai lhe ocorrer. Não é tanto a medicina do futuro, mas a medicina do meu futuro. O curioso é verificar o que ocorre ao se receber um desses diagnósticos futurísticos. Temos uma ampla experiência disso na Clínica de Psicanálise do Centro do Genoma Humano da Universidade de São Paulo, que dirigimos. Uma pessoa entra com pleno vigor na sala para receber seu teste genético realizado por motivo de ordem de uma doença familiar, como uma paralisia de membros inferiores, em um irmão mais velho. Se o resultado for positivo, invariavelmente a pessoa que entrou andando muito bem sai mancando a perna. É como se na sociedade tivéssemos gavetas de sofrimentos *standard*, *prêt-à-porter*, prontos para vestir. Ao enigma que representa aquele resultado de exame, "Dentro de uns quatro anos, o senhor poderá desenvolver uma paralisia progressiva dos membros inferiores", responde-se de imediato com uma reação *prêt-à-porter*. E não fica só por aí, há o sentimento que vem junto para a pessoa e para a sua família. O paciente, geralmente, é acometido de uma raiva súbita contra seus parentes, especialmente os pais que lhe deram o "gene ruim", ou contra os médicos que não entendem nada. Depois, essa raiva se transforma em resignação, em um "não há nada a fazer", em um "Deus quis assim". A família, por sua vez, passada a perplexidade, entra na comiseração, na compaixão. Bem mais vício que virtude é essa compaixão, sentimento de superioridade e de distância, disfarçado em solidariedade. A junção da Resignação com a Compaixão dá um novo vírus social que batizamos com as iniciais desses dois modos de reagir, a saber: o vírus RC.

É duro tratar dessa compaixão, sem imediatamente não ser visto como um desumano desalmado. Notável, no entanto, é perceber a verdadeira ojeriza daqueles que são alvos desse suposto nobre sentimento tão valorizado religiosamente. Baseados nesse fato, criamos um projeto de pesquisa no Centro de Genoma Humano, já citado, chamado: "Desautorizando o sentimento *prêt-à-porter*". Em vez de oferecermos o sorriso empático e superior de alguém que reconhece a infelicidade dolorosa do outro, convidamos as pessoas a darem respostas mais originais ao que não se sabe, fora da caixa dos sofrimentos padronizados. Temos obtido muito bons resultados com essa perspectiva de trabalho, pois ela age no espaço sempre em aberto entre a determinação genotípica e a expressão fenotípica que se verifica espontaneamente, por exemplo, no comportamento muito diferente de uma mesma alteração genética em dois gêmeos univitelinos. Vale lembrar mais uma citação de Craig Venter, o primeiro homem a decodificar o seu genoma, em entrevista de 13 de abril de 2008, ao jornal *O Estado de São Paulo*, quando contraria a ideologia cientificista ao afirmar:

Sim, os seres humanos são animais altamente influenciáveis pela genética, mas são também a espécie mais plástica do

planeta em sua capacidade de se adaptar ao ambiente. Há influências genéticas, sim, mas acredito que as pessoas são responsáveis por seu comportamento.

Está aí a palavra-chave: "responsabilidade", que pede para ser aberta em todas as suas acepções. Frente aos testes de genética de farmácia que estão por acontecer, estejamos preparados para saber interpretá-los geneticamente e, às suas reações, psicanaliticamente.

10 O SER HUMANO NÃO É PARA PRINCIPIANTES

O senso comum é tapa-buracos de uma estrada bem mais complexa, divertida e criativa que é a vida humana.

O SER HUMANO NÃO É PARA PRINCIPIANTES, parafraseando Tom Jobim.

Engana-se quem considera o bom senso a grande ferramenta de dar sentido à vida. Não só se engana como chega mesmo a se desesperar expondo seu mal-estar em súplicas do tipo: "Você, que é inteligente, há de convir comigo"; "Isso é claro como dois mais dois são quatro"; "Você não está vendo que isso te prejudica?", etc. Ah, bom senso, como você pensa equivocado! Disse alguém: "ciência sem consciência nada mais é do que cumplicidade de ignorância". Vale como alerta: o bom senso e sua expressão corriqueira – o senso comum – são tapa-buracos de uma estrada bem mais complexa, divertida e criativa que é a vida humana.

Vejamos alguns exemplos. Será que as fotos alarmantes de doenças mortais expostas nos maços de cigarro inibem o viciado? Será que o conhecimento dos prejuízos gastronômicos de um torresmo crocante e de um bolo de chocolate coberto de calda de açúcar inibem o glutão? Enfim, para realçarmos a atualidade: será que o conhecimento dos riscos mortais das aglomerações durante a pandemia da Covid-19 inibiu os banhistas? Nossas praias ficaram vazias?

A resposta é não para todas essas perguntas; o conhecimento do malefício não é suficiente para inibi-lo. Se perguntarmos a essas pessoas se elas não reconhecem o perigo, elas não o negarão, só acrescentarão um "mas", respondendo na fórmula consagrada: "sim, mas". Sim, a aglomeração é perigosa, mas a saudade também...

Será esclarecedor compreender que as duas respostas estão igualmente corretas. O ser humano – que não é para principiantes – responde a dois tipos de princípios: o da necessidade e o do desejo. A necessidade é normalmente uma expressão coletiva: todos devem tomar vacina, todos devem evitar o colesterol, todos devem ficar isolados. Já o desejo é um princípio da singularidade de cada um que se adequa ao bem comum por um certo tempo, mas com limite. Depois de seis meses de isolamento, o brasileiro considerou que já estava de bom tamanho o sacrifício de seu desejo e resolveu mergulhar no mar de nossas praias. Foi ajudado na negociação com o princípio da necessidade por argumentos do gênero: "já sabemos tratar melhor"; "os hospitais estão mais vazios"; "a vacina está chegando"...

Sófocles, em *Antígona*, representou magistralmente essa característica humana. Creonte, rei de Tebas, não permite que se dê sepultura a seu sobrinho Polinices, pois ele havia guerreado contra a sua própria cidade. Antígona, por sua vez, exige o sepultamento digno de seu irmão. Um se baseia na lei da cidade, outra, na lei do sangue. Quem tem razão? Os dois! Como resolver essa aporia entre necessidade e desejo? Como nadar, nadar e não morrer na praia? Respondo: com uma responsável articulação entre os dois lados, necessidade e desejo, mesmo que provisória.

Nota do Autor: sinto muito que, tal como os gregos, não tenha uma resposta de bom senso para acalmar nossas aflições subjetivas.

11 BIOÉTICA E BIOTECNOLOGIA: UMA QUESTÃO DE LIMITE

> Invenção e Responsabilidade, dois termos cruciais para uma nova ética apropriada a esses tempos.

BIOÉTICA E BIOTECNOLOGIA SE COMPLEMENTAM: a bioética diz respeito à regulação daquilo que a biotecnologia ajuda a fabricar.

A bioética é ponto central dos debates atuais. Aborto, Clonagem, Eutanásia, Transgênicos, Células-tronco são alguns dos principais aspectos que provocam novas discussões éticas sobre a vida. Se isso ocorre, é em decorrência do desenvolvimento da biotecnologia, nome que se dá às aplicações de novas tecnologias sobre os seres vivos.

A Biologia representa para o século XXI o que a Física representou para o século XX. Seus avanços são tão grandes e rápidos que é quase impossível o acompanhamento do que está ocorrendo – "É como se quiséssemos encher um copo d'água nas Cachoeiras do Iguaçu", descreveu alguém, figurativamente.

Esses avanços biotecnológicos, somados à angústia humana de evitar o sofrimento e a morte, põem em cheque as maneiras a que estávamos acostumados a decidir sobre o certo e o errado, o pode e o não pode, o desejável e o condenável.

Tomemos um exemplo que provocou um grande debate ético, referente a algo que hoje se pratica legalmente e que ontem era não só proibido como impensável, o chamado "*Saviour Sibling*", o "Irmão Salvador". Trata-se de provocar o nascimento de uma criança com o objetivo primordial de fazê-la doadora, nesse caso, de sangue do cordão umbilical que sirva a seu irmão já existente para se curar de uma doença sanguínea mortal. No sangue do cordão, estão as células-tronco hematopoiéticas a serem transplantadas. Para que isso se dê, a concepção dessa criança tem que ser *in vitro*, pois o embrião deve ser previamente estudado, ao menos, sob dois aspectos fundamentais: ser compatível com o irmão doente e não ser herdeiro da mesma doença.

Uma das primeiras vezes em que isso se realizou, quando ainda não era legalizado, foi feito pelo geneticista norte--americano Mark Hughes, que se viu convencido a fazer o questionável procedimento por um pai que, aflito, veementemente lhe disse:

> Enquanto vocês, cientistas, ficam aí em volta
> de uma mesa pensando se vão ou não me ajudar
> a salvar minha filha, um monte de casais
> têm filhos pelas mais diversas razões, como
> melhorar o casamento ou garantir uma herança.

Hughes se convenceu e realizou o procedimento.

Esse tipo de história se repete todos os dias nos centros mundiais de pesquisas genéticas. O que é interessante para o psicanalista é saber de que forma pode participar desse momento. A resposta, a meu ver, no que tange o psicanalista, é que estamos vivendo uma crise do limite. Até hoje, o que nós poderíamos querer fazer não era possível por falta de meios. Agora, vivemos o avesso disso, podemos fazer muito mais do que queremos. A tecnologia não mais nos limita e ela avança por ela mesma, indiferente às nossas necessidades, tema amplamente criticado por Heidegger. Idosos sofrem com o prolongamento artificial de suas vidas, pessoas são vigiadas por exames de DNA extraídos da xícara de seu café, alimentos são alterados, etc., etc.

Na falta de um limite externo que sirva de parâmetro às nossas vontades, o que podemos esperar? A resposta mais imediata é que veremos surgir milhares de comitês de ética, instâncias reguladoras que tentarão disciplinar as nossas vidas. Suas eficácias são questionáveis. Sempre haverá quem, por ambição pessoal, curiosidade, ou sensibilizado por um drama humano, como o relatado, dará mais um passo, arriscando-se a ir do drama à tragédia.

A psicanálise decorrente do ensino de Jacques Lacan tem melhor resposta. É fundamental que o psicanalista do século XXI trate da questão da quebra do limite da pós-modernidade, tanto no espaço clínico de seu consultório, quanto na sua participação no laço social, como analista cidadão. Na clínica, são os desenvolvimentos de Lacan de sua "segunda clínica", a Clínica do Real, que permitem ao analisando encontrar uma nova referência para a sua vida que não seja a expectativa do Outro sobre ele. Quando ele cansa de se queixar, de esperar que o Outro lhe dê o que ele quer – o que em uma época de explosão tecnológica é ainda mais presente e perigoso –, o analisando muda de paradigma e descobre que ninguém sabe o que ele deseja, nem ele, e, por conseguinte, cabe a ele e a mais ninguém inventar uma resposta singular a seu desejo e se responsabilizar por ela. Invenção e Responsabilidade, dois termos cruciais para uma nova ética apropriada a esses tempos.

O que vale para o consultório pode ser transportado para o espaço social, uma vez que a ética deve ser a mesma, sua implementação é que é diferente. Não vamos fazer análises coletivas e nem da coletividade, mas os psicanalistas podem colaborar intensamente nos debates de uma era em tudo diferente das anteriores e legitimar novas formas de satisfação no laço social. Uma era em que pela primeira vez o homem não responde a padrões orientadores externos e verticais: seja a natureza, a religião ou a razão. Frente ao desbussolamento causado pela supremacia de um Real sem sentido, temos visto movimentos reacionários de recuo para o conforto plácido das neorreligiões ou dos livros de autoajuda, duas faces do mesmo sintoma. Também a sociedade como um todo deve "aprender" a viver em um novo paradigma. Sua organização não mais será dada pelos grandes ideais, como outrora, mas por pequenos gestos de convívio com os mais próximos, daqueles que servirão a cada pessoa de testagem amorosa – é o nome que se impõe – desse singular arbitrário e íntimo, pois é necessário que o que se inventa como resposta a seu desejo seja validado na vida de relação. Por esse caminho, os excessos tecnológicos da biotecnologia serão motivos de desprezo e não de apreço, em uma bioética condizente com o humano. A verificar.

12 DESAUTORIZAR O SOFRIMENTO

Há no humano uma distância entre o que ele sente e o que expressa.

"OS SENTIMENTOS MENTEM." Assim falava Jacques Lacan provocativamente, acrescentando que o único sentimento verdadeiro seria a angústia, dado que, não sendo expressável em palavras, não poderia mentir.

Tomemos dessa *boutade* seu aspecto pragmático: há no humano uma distância entre o que ele sente e o que expressa. Por exemplo, no amor: nenhuma declaração de amor é convincente, por mais que se esforce o apaixonado.

Não há como apagar a dúvida que insiste a não ser relançando a declaração. Por isso é tão claro o verso de Drummond: "Ouvindo-te dizer: Eu te amo,/ creio, no momento, que sou amado./ No momento anterior/ e no seguinte,/ como sabê-lo?". A sociedade, em decorrência dessa distância difícil a suportar entre o afeto e a sua expressão, gera, para acalmar, formas padronizadas de sentir tanto a alegria quanto o sofrimento. Assim, ir a Paris é ótimo, ir ao dentista é um horror.

Isso ganha especial importância no campo da saúde, no qual se costuma afirmar que não há nada pior do que não saber o que se tem. Não é rara a alegria paradoxal de alguém que finalmente fica sabendo que só tem um "tumorzinho". Essa necessidade de se acalmar em uma forma padronizada de sentir pode trazer sérios problemas. Na medicina de hoje – diferentemente da de antes, em que primeiro se sofria, depois se ia ao médico –, doenças são anunciadas antes de qualquer sensação. É o caso de exames genéticos que preveem com muitos anos de antecedência algumas paralisias graves. Como reage o paciente diante dessa informação igualmente desagradável e estranha? Ele busca alguma forma adequada de expressar o que supostamente tem, para os outros e para si próprio. É aí que acaba se alienando em um sentimento *prêt-à-porter*, pronto para vestir.

Quem vai ter um comprometimento das pernas começa imediatamente a claudicar e corta de sua vida tudo o que demanda movimento. Dessa forma, acaba por aumentar a dor imediata e facilitar a velocidade de instalação da doença. Uma pesquisa clínica psicanalítica que estamos desenvolvendo no Centro de Estudos do Genoma Humano da Universidade de São Paulo tem demonstrado a importância, nesses casos, de desautorizar o sofrimento – foi como batizamos –, a saber: evitar que a pessoa se acomode em expressões programadas de dor. Isso não se consegue sem que se enfrente o risco da incerteza, coisa que dificilmente alguém fará se o tratamento que lhe for dado congelá-lo em uma situação sem saída, confortado pela discutível compaixão.

Os exemplos são extrapoláveis para a vida de todo mundo: não há quem não prefira o conforto da dor conhecida à insegurança de novas formas de ser. Cuidado! Ou cada um se faz responsável por sua singularidade, mesmo que esquisita, ou vira genérico, substituível, descartável. É uma questão de escolha.

13 PSICANÁLISE DO HOMEM DESBUSSOLADO

Hoje, nenhuma ação é assegurada em um justo saber, toda ação é arriscada.

OS MEIOS DE COMUNICAÇÃO ELETRÔNICOS TROUXERAM a rapidez da informação, mas, em contrapartida, pedem ao homem atual um tempo diferente de absorção, reflexão e preparo da análise crítica. Nessa nova subjetividade do mundo pós-moderno, o aforismo ganha renovada importância: "Tá ligado?".

Aforismo é uma sentença que em poucas palavras se compreende. Nesta coluna, proponho um formato diferente ao leitor como maneira provocativa de percebermos como estamos sendo confrontados a frases sintéticas. Proponho alguns aforismos sobre as mudanças necessárias a uma Psicanálise do Século XXI. Informações de relevância, porém concisas, o que obriga a cada um por si, ao completá-las.

- Freud teve a genialidade de propor uma estrutura capaz de esquadrinhar a experiência humana num mundo pai-orientado: o Complexo de Édipo. Um *standard* freudiano, não um princípio.
- Foi Jacques Lacan quem deu o alerta da necessidade de uma psicanálise além do Édipo. Uma psicanálise capaz de acolher um homem cujo problema não está mais nas amarras de seu passado – que justificou a expressão "cura da memória" –, mas uma psicanálise para o homem que não sabe o que fazer, nem escolher entre os vários futuros que lhe são possíveis hoje: sem pai, sem norte, sem bússola.
- Antes, as pessoas se queixavam por não conseguirem atingir os objetivos que perseguiam. Hoje, quase ao avesso, as pessoas se queixam pelas múltiplas possibilidades que se oferecem.
- Se ontem se analisava para se compreender mais, para ir mais fundo, hoje se dirige o tratamento ao limite do saber: é a necessidade da aposta, na precipitação do tempo.
- Se ontem se fazia análise para obter uma ação garantida, livre de influências fantasiosas, hoje, nenhuma ação é assegurada em um justo saber, toda ação é arriscada e inclui a responsabilidade do sujeito.
- Se ontem a psicanálise falava em sofrimento psíquico, o que a levou a ser patrocinada por psicólogos que a reduziram a uma das disciplinas de seu currículo, hoje é necessário separá-la do campo da saúde mental.

- Se ontem nos limitávamos em nossa práxis ao espaço do consultório, hoje haverá psicanálise onde houver um analista, e ele é necessário nos mais diversos locais da experiência humana, muito além das instituições de saúde.

- Quando a palavra não é mais necessária para intermediar o que se quer, para refletir sobre o que se teme, para inquirir o que se ignora; quando a palavra perde sua função de pacto social, ficamos suscetíveis ao curto-circuito do gozo. O gozo que prescinde da palavra é, em consequência, ilógico e desregrado.

- Hoje estamos no momento do gozo ilógico e desregrado. Alguns exemplos dentre os mais notáveis são as toxicofilias, o fracasso escolar, a delinquência juvenil, as doenças psicossomáticas. Em cada um desses quadros, podemos destacar a impotência da palavra dialogada para alterar o mau estado da pessoa.

- Miremo-nos nos exemplos dos próprios adolescentes, os que mais sofrem os curtos-circuitos do gozo. Vejamos as soluções que eles encontram para ordenar este gozo caótico. O nome é: "esportes radicais"; no ar: *paraglider*; na terra: alpinismo; no mar: *kitesurf*. Todos eles, no limite do dizível, tentativas de captura direta do gozo.

- O fracasso escolar, a toxicomania, as bulimias, as anorexias, a violência despropositada têm em comum a impossibilidade de serem explicados. Suas causas não são decifráveis por via alguma: da medicina, da psicologia, da pedagogia. "Não explicáveis", não exclui que sejam tratáveis.

- Lacan propôs duas clínicas: uma primeira, a da palavra decifrada, que, levantando o recalque, alivia o sintoma, e uma segunda, a clínica do gozo, em que a palavra serve para cifrar, tal qual o *piolet* do alpinista que marca a dura pedra do gozo a ser conquistado.

- Os novos sintomas, por surgirem do curto-circuito da palavra, são resistentes ao tratamento pela associação livre. De uma clínica do esclarecimento, vamos para a clínica da consequência.

- A psicanálise no tempo de Freud visava descobrir os impasses, os traumas que impediam uma pessoa a alcançar o futuro que idealizava. O futuro era claro, difícil era seu acesso. A psicanálise no século XXI não é um tratamento do passado, mas, ao contrário, é invenção do futuro.

- Freud, para seus contemporâneos, escreveu três famosos textos sobre a organização social: "Totem e Tabu", "Futuro de uma Ilusão" e "Mal-estar na Civilização". É nossa tarefa, hoje, reinterpretar essa sociedade, não mais à luz do Complexo de Édipo, mas à luz do amor além do pai que exigirá falarmos da responsabilidade de cada um ante sua escolha.

- Se antes, o objetivo de uma análise, com Freud, era o de se conhecer melhor, hoje, com Lacan, o que importa é retificar a posição da pessoa com relação ao radical desconhecimento do Real, do "que não tem nome nem nunca terá", levando-a a inventar um futuro e a sustentar esta invenção.

14 SEM LIMITES

Hoje, podemos mais do que conseguimos querer, ou absorver.

PASSAMOS A VIVER EM UM MUNDO SEM LIMITES NATURAIS. Ontem, tínhamos mais vontades que possibilidades; hoje, invertemos essa lógica, podemos mais do que conseguimos querer, ou absorver. E isso em todos os domínios. Por exemplo, na indústria, novos produtos são lançados independentemente da necessidade do mercado, mas, sim, pela necessidade da própria produção, como os telefones celulares e as máquinas fotográficas. Novos medicamentos não buscam mais a cura, mas a melhoria do normal; é a medicina cosmética que vai do banal *botox* ao último tipo de respirador artificial, paradoxal promessa, muitas vezes, de um sofrimento prolongado. Quem não podia ter filhos agora pode; quem não andava agora corre; o coração que não batia foi trocado e agora bate. Pela primeira vez na história da civilização, o homem pode realmente acabar com a vida na Terra; não se trata mais de uma ameaça inconsequente.

Nesse mundo tecnológico, onde muitos enxergavam o final da subjetividade que seria deslocada pelo império das máquinas, o que ocorre é exatamente o contrário: um novo tipo de responsabilidade se impõe. Uma responsabilidade ainda mais baseada em critérios subjetivos que antes, uma vez que não pode se sustentar nos limites dos fatos, pois os fatos vão além dos limites. Não cabe mais a expressão constrita e aliviadora de um médico, à cabeceira de um doente, retirando o estetoscópio do ouvido e dizendo: "Fizemos tudo o que estava ao nosso alcance". Sabemos que, nesse novo tempo de impensado avanço tecnológico, há sempre mais a fazer, daí estar nas mãos de cada um a responsabilidade pelo limite.

O difícil é exatamente essa responsabilidade pessoal pelo limite, tanto mais que viemos de uma vivência recente em que tudo se explicava pelas estatísticas e pelos exames. Na medicina, os exemplos são mais facilmente perceptíveis. Você ia a um médico – ainda é assim –, ele lhe examinava, mas não dizia nada antes de ver os resultados de uma longa lista de exames laboratoriais e de imagens. Quando tudo estava pronto, ele lhe dizia: "Os seus exames mostram que...". O curioso é que, se você fosse ao médico da sala ao lado, os mesmos exames poderiam "mostrar" algo muito diferente, o que levava muitos a terem ao menos três médicos, um terceiro para desempatar essa medicina de votação. Ora, ora, ora, o que começa a ficar claro é que se não quisermos fabricar atletas com Alzheimer e outros sofrimentos, temos que saber que os exames não mostram por si nada, eles sempre são interpretados, e não cabe se irresponsabilizar nessa interpretação. Curiosamente, a tão valorizada medicina baseada em evidências só aumenta o comprometimento da pessoa do médico, mesmo quando ele não o queira.

É de uma nova ética que precisamos todos nessa época do homem desbussolado da globalização, uma ética não mais baseada no princípio divino das coisas, ou no princípio racional, que o substituiu, mas uma ética que poderíamos chamar, com Hans Jonas, de uma ética do Princípio Responsabilidade.

15 VOCÊ SOFRE PARA NÃO SOFRER?

Quem já não inventou um sofrimento conhecido, diante do terrível sofrimento de um sintoma desconhecido, para aplacar a dúvida?

VOCÊ SOFRE PARA NÃO SOFRER? Esta pergunta, embora contrarie o bom senso, faz sentido para todos nós. Quem já não inventou um sofrimento conhecido, diante do terrível sofrimento de um sintoma desconhecido, para aplacar a dúvida? Pois é, uma dor é remédio para outra dor! E hoje, ao vivermos a medicina do futuro, que pergunta "o que vou ter" (em vez da medicina do passado – "do que tive" – ou a do presente – "do que tenho"), esse fenômeno se espraia. Assustados, escolhemos um modelo pronto, dentre as expressões das emoções humanas *prêt-à-porter*, a que melhor se encaixa para aliviar nossa angústia. Um alívio imediato, mas de pernas curtas. Na Clínica de Psicanálise do Centro do Genoma Humano da Universidade de São Paulo, atendemos pessoas que se deparam com essa nova medicina preditiva. Detectamos um "vírus social" que nomeamos de RC – Resignação e Compaixão. Em geral, o paciente vai da raiva à resignação, e sua família vai do choro à compaixão. São duas reações muito valorizadas socialmente: a resignação, porque demonstraria maturidade e saber suportar a dureza da vida; e a compaixão, por ser sinal de virtude amorosa, a de aceitar o outro com sua limitação. A psicanálise vai contra a vertente do RC, pois descobrimos uma responsabilidade do sujeito no seu sofrimento.

16 VASECTOMIA E DEMÊNCIA

Enganam-se os defensores de uma medicina asséptica idealmente limpa da subjetividade humana.

VASECTOMIA AUMENTA O RISCO DE DEMÊNCIA, e isto não é uma piada pronta. Aconteceu nos Estados Unidos: um homem procurou o serviço de doenças cognitivas, ou seja, as que afetam o raciocínio, do serviço de Neurologia da Faculdade de Medicina da Northwersten University, de Chicago. Era relativamente jovem, 43 anos, e apresentava dificuldade em achar as palavras ao contar uma história. Perguntado pelo médico que o atendeu desde quando tinha notado esse sintoma, respondeu, sem hesitar, que isso havia começado depois de ter se submetido a uma vasectomia. O médico não achou que era uma piada, pensou que poderia ser verdade, veremos por quê.

Primeiro, o diagnóstico. O que se constatou é que o paciente sofria de um tipo de demência chamada de "Afasia Progressiva Primária" (APP). É uma demência diferente da conhecida e temida Alzheimer. Enquanto nesta o sintoma mais evidente é a perda da memória, na APP o que se destaca é uma perda gradual da capacidade de linguagem. Pois bem, o médico pôde aceitar a hipótese do paciente por ter lembrado que existe uma proteína, de nome TAU, que só é encontrada em dois lugares no organismo: no cérebro e no esperma. Alterações no metabolismo dessa proteína estão na base da demência afásica. Ocorre que pacientes vasectomizados apresentam com frequência uma queda da barreira hematotesticular, levando de 60 a 70 % desses homens a desenvolverem anticorpos antiesperma. Por uma reação cruzada, esperma-cérebro, esses anticorpos atacariam a proteína TAU cerebral, aumentando o risco da demência APP.

No estudo que se seguiu ao atendimento desse caso, capitaneado pela Dra. Sandra Weintraub, com a colaboração do conhecido Marsel Mesulam, e publicado em dezembro passado, 40% dos homens com diagnóstico de APP confirmaram terem feito vasectomia, o que é um alerta. Ainda faltam dados que possibilitem conclusão mais segura, especialmente uma amostra significativa de quantos homens operados desenvolveram APP; é o que se está buscando. Mesmo assim, desde agora, essa descoberta se junta a outros exemplos que relativizam a crença cega na manipulação corporal cada vez mais em voga nos adeptos de uma cosmiatria – nome novo para o casamento da medicina com a cosmética – nascente.

Note-se que anticorpos antiesperma também podem surgir em homens não vasectomisados, por mecanismo não de todo conhecido, o que explica a ocorrência desses anticorpos também em mulheres.

Moral da história: enganam-se os defensores de uma medicina asséptica idealmente limpa da subjetividade humana, sem risco, em que a felicidade seria um dado previsível de laboratório. Mais uma vez constatamos a verdade enunciada na frase do psicanalista Jacques Lacan: "Da nossa condição de sujeito, somos sempre responsáveis".

17 PSIQUIATRIA E PSICANÁLISE

Conduzir o tratamento, que não deve ser confundido com conduzir o paciente.

UMA VEZ QUE ESTE É UM CICLO DE DEBATES de Psicanálise e Psiquiatria, vou iniciar contando um debate entre um psiquiatra e um jovem se iniciando na psicanálise. É uma história passada há mais de dez anos.

Semanalmente, nas quartas-feiras de manhã, o chefe do serviço de Psiquiatria onde o jovem fazia sua formação psiquiátrica, talvez impressionado pela face de desalento de seu discípulo, perguntava a ele o que se havia passado. Este sempre lhe respondia que estava muito desesperançado por discordar, como sempre, do que lhe tentavam ensinar na noite anterior, em seu seminário de psicanálise. Passados uns dois meses de repetição desse diálogo, houve um dia em que, no corredor, o psiquiatra disse: "É interessante o esforço semanal que você faz de atacar sua inteligência para que possa prosseguir na psicanálise". Esta história se passou entre duas pessoas que hoje repartem essa mesa, o Professor Carol Sonnenreich e eu. É claro que o jovem era ele e que o psiquiatra era eu... Junto essa pequena história com outra, com o que Lacan diz numa conferência intitulada "Freud no século". Essa conferência foi por ele dada em um serviço de Psiquiatria em Paris, no ano de 1956, comemorando os cem anos de nascimento de Freud. Lacan ali se dirigia aos jovens psiquiatras e dizia que o fazia com muito prazer, sobretudo porque eles não haviam ainda sido analisados, pois uma vez que o fossem, rapidamente aprenderiam que suas inteligências nada mais eram que "resistências" e que, inclusive, certa psicanálise havia para isso cunhado um termo: intelectualização.

Faço esse pequeno preâmbulo a título de gancho do que me proponho tratar: alguns aspectos das relações Psicanálise e Psiquiatria. Tomarei pelo viés da clínica psicanalítica, tentando definir certos pontos fundamentais. Não me preocuparei com o cotejo minucioso com a clínica psiquiátrica, não é essa minha intenção e, entre outros motivos, dado o grande número de psiquiatras aqui presentes, se for o caso, que o façamos de viva voz. Se fiz esse preâmbulo, foi para ajudar a pensar que podemos falar em clínica psicanalítica, sem que para tanto ataquemos a nossa inteligência. Há razão na psicanálise, conforme Sonnenreich e Lacan, em momentos diversos, anunciaram.

Não é simples nem evidente falarmos em clínica psicanalítica. A que nos estaríamos referindo? À, por exemplo, clínica da supervisão? Àquela que faz com que cada caso atendido seja de imediato passado sob o crivo do supervisor, que atestaria, imaginariamente, o correto, ou o incorreto, de um suposto bem fazer? Almeja essa clínica transformar o supervisando em supervisor, sustentada, talvez, numa ideia que a psicanálise passa por contágio, como se fosse uma infecção. Seria a clínica psicanalítica, a clínica do sentimento? Aquela que sustentaria, em que através dos seus sentimentos, em algo chamado contratransferência, o analista seria o anunciante da verdade escondida na profundeza da alma do outro? Ou talvez ainda pudéssemos dizer que a clínica psicanalítica é aquela da cumplicidade (analista – parte sadia do analisando) uma luta contra os maus impulsos, objetivando um Ego forte, sadio e adaptado. Esta divisão que faço é, evidentemente, arbitrária, superficial e com um quê de caricata. Mas, se a faço e a deixo assim, é simplesmente por entender que toca pontos já por demais discutidos e de conhecimento da maioria.

Em um momento de seu "Seminário XI", Lacan define a clínica psicanalítica como o tratamento do Real pelo Simbólico. Já antes, em seu seminário das "Psicoses", dizia que a psicanálise se preocupa com a estruturação do sujeito pela palavra, ou melhor dito, pelo significante. Assim, poderíamos dizer que a psicanálise é a clínica do significante, embora nem tudo aí se passe a esse nível. A psicanálise é uma clínica freudiana, com uma específica determinação do sintoma. Para Freud, o sintoma se articula na fala. "Todo fenômeno que participa como tal do campo analítico, da descoberta analítica, do que temos a fazer no sintoma, nomeadamente na neurose, é estruturado como a linguagem", entende Lacan que sobre isso diz também que: "a única maneira de abordagem, conforme a descoberta freudiana, é de colocar no registro mesmo, onde o fenômeno nos aparece, isto é, no nível da fala". É com esta frase que Lacan resolve e abandona, em seu seminário das "Psicoses", a velha discussão entre organogênese e psicogênese. Essa é assim a primeira especificidade, que me ocorre dizer da psicanálise com relação à psiquiatria. O sintoma psicanalítico está articulado na fala.

Uma vez tendo tentado uma definição da clínica psicanalítica, prossigo. Uma das relações que veria entre psicanálise e psiquiatria é uma relação de medo. Não devem ser só o desinteresse e as diferenças de campo que podem explicar a pouca frequência de encontros como esse de psicanalistas e psiquiatras. Digo, ingenuamente, medo, e diria não ingenuamente angústia, lugar desde o qual o analista se interroga sobre o seu ser. Retomando o medo, parece que os analistas têm medo de se confundirem, ou serem chamados de psiquiatras. Isso, em algumas esferas, quase se tornou um insulto. O mais novo insulto da língua portuguesa: psiquiatra. Nesse xingamento, deve-se entender reacionário, autoritário, rotulador. E à diferença, o psicanalista seria o libertário, o que não faz diagnóstico, o que compreende, para quem cada caso é um caso e do qual nada se pode generalizar. É óbvio que entendo isso falso pelos dois lados. Como já disse, continuo pelo lado da psicanálise. Entendo que hajam claras diferenças entre psicanálise e psiquiatria, mas não por isso deveria escamotear que a psicanálise é herdeira da psiquiatria. Talvez uma filha pródiga, talvez uma filha querida, a opinião dos pais varia, mas herdeira da psiquiatria. Lacan, ao abrir seu mais famoso livro, os *Escritos,* faz uma homenagem a uma só pessoa, à que se refere como "meu mestre", Clérambault, que conceituou o automatismo mental, de que Lacan pode desenvolver o seu tão conhecido "Outro que fala em mim". Durante toda sua vida, ao contrário do que alguns poderiam imaginar, Lacan nunca abandonou o hospital psiquiátrico e mesmo até o recomendava aos que se pretendiam analistas; esse defrontar com a loucura, momento maior do inconsciente a céu aberto. Poderíamos, é claro, também falar de Freud, que chega à psicanálise pelos pontos interrogantes que a medicina em que estava inscrito lhe apresentava. As diferenças, portanto, entre psicanálise e psiquiatria, a meu ver, não podem ser feitas sumariamente, numa partição consultório e hospital. Não me estendo mais sobre os exemplos de Freud, ou Lacan, gostaria agora de voltar a abordar o que de genérico pode ser pensado com relação à clínica psicanalítica, ou clínica do significante, como antes referida; certos pontos que, a serem precisados, talvez possam por vocês ser cotejados com a clínica psiquiátrica. Me referirei a três momentos da análise: a entrada, o percurso e o fim.

A ENTRADA EM ANÁLISE

A entrada em análise é feita por uma demanda, por uma demanda dirigida ao analista. Normalmente, essa demanda se apresenta como um pedido de restituição de um saber, que falta para aliviar o do que a pessoa sofre. Talvez seja essa a forma mais simples de introduzir para vocês o que Lacan chamou, que sob a transferência, o analista ocupa a posição de Sujeito-Suposto-Saber. Essa falta desse saber, que gera o sofrimento, é que podemos juntar com a famosa concepção, que a clínica é o "real" enquanto o impossível a suportar. O impossível a suportar que se articula em sintoma e daí o sofrimento. Em psicanálise, o analista faz parte do sintoma; a transferência passa por um significante do analista e este, por fazer parte do sintoma, por não estar o analista excluído, ou observador do tratamento, a ele é dado neste período inicial de contato com o paciente, de fazer um cálculo. Um cálculo, portanto, da posição que deverá ocupar no tratamento e desde a qual lhe será possível manejá-lo e conduzi-lo. Conduzir o tratamento, que não deve ser confundido com conduzir o paciente. É neste momento que o tão malfalado diagnóstico volta à baila. Neste tempo inicial chamado por Lacan de Entrevistas Preliminares, prática que podemos depreender de seu ensino, o diagnóstico recobra a importância. Uma vez que dissemos que a psicanálise trata da articulação do sujeito ao significante e sendo que isto é operado pela castração, Lacan recupera em Freud três maneiras distintas de dizer "NÃO" à castração, que originam: neurose, psicose e perversão; recalque, recusa e forclusão. Poderíamos discutir mais essa questão diagnóstica, pensá-la também com relação a respostas frente ao desejo do Outro, mas isso nos obrigaria a explanações de conceitos que ultrapassam nosso limite, aqui. Nessa parte, finalizaria dizendo que há uma responsabilidade por parte do analista, responsabilidade que Lacan devolve ao analista com tal vigor, desde o primeiro momento em que este se encontra com a pessoa que lhe vem pedir análise. Responsabilidade essa que se vê, desde a mais simples questão: será que é a mesma a posição do analista frente a um neurótico e a um psicótico? Será que é a mesma posição que ele pode ocupar nesses tratamentos? Pelo dito anteriormente, sustento que não.

O PERCURSO DO TRATAMENTO

Freud legou um "que fazer" ao analisando. A ele cabe associar livremente. E ao analista? É uma pergunta que há muito ronda as diferenças dos próprios analistas, à qual alguns tentaram responder, criando verdadeiras cartilhas do "bem-fazer" analítico, burras como todas as cartilhas e tantas vezes denunciadas por Lacan. Não há um "bem-fazer" ou um "que fazer" do analista que possa ser sustentado fora dos conceitos fundamentais da psicanálise. A ele, analista, é dada a interpretação e a construção, sim, mas não há uma fórmula anterior para explicá-las: como, quando e onde.

Não há resposta programada à famosa pergunta: "Meu paciente falou isso, o que é que eu devo dizer?", ou pior: "Estou me sentindo mal porque meu paciente só falou", como se falar fosse pouco, em análise. À interpretação, podemos associar o termo pontuação. O analista, ao pontuar a cadeia de significantes, aponta um sentido, sentido esse que se entrelaça entre o registro do Simbólico e do Real. Assim, podemos entender a citação, anteriormente referida de Lacan, de que a Psicanálise é o tratamento do Real pelo Simbólico. Apontar o sentido é distinto de apontar a significação. Esta, diferentemente da anterior, se faz na articulação do Simbólico com o Imaginário, um trabalho habitualmente operado pelo analisando, nos espaços intersessões. Tendendo as sessões a serem cortadas no momento do enigma, momento da pontuação. Esse momento tem um tempo, um tempo que é dado pela própria operação da cadeia de significantes, ou, dito mais simplesmente, pela associação livre. Por isso que o tempo de uma sessão varia e não é, por exemplo, correlato ao tempo de um medicamento que utilizamos na psiquiatria que, de antemão, já conhecemos um prazo habitual de atuação, que quando não correspondido se altera o medicamento. Esse, o tempo, é mais um ponto que Lacan devolve à responsabilidade do analista.

Sobre a construção, poderíamos dizer que esta se refere ao ponto de inércia de uma análise, aquilo que Freud, em seu texto que tem por título "Construções em Análise", referiu que fica à parte do conteúdo da neurose, aquilo que não passa pela cadeia significante; se quisermos uma aproximação com a matemática, diríamos que funciona enquanto axioma. Dessas duas operações da clínica, são relativas as duas posições do analista no tratamento. Como grande Outro, suposto de um saber, no que tange à interpretação e como *petit a*, objeto de desejo, inominável, no que se refere à construção.

Com isto, chegamos ao terceiro item a que nos propusemos, o fim da análise.

O FIM DA ANÁLISE

O fim de análise pode ser entendido como finalidade e como término. Sobre a finalidade e sobre o fim, retomaria uma frase de Freud, tantas vezes por Lacan citada: "Não importa o que for, é preciso chegar lá". Se o analista tem "horror a seu ato", como diz Lacan, é, entre outros motivos, porque a psicanálise não tem nada a ver com o bom senso. Ao aceitar uma análise, o analista tem a responsabilidade de levá-la até o fim e este não é visto coloridamente por Freud.

Toda análise bem conduzida chega a um impasse, o impasse do rochedo da castração. Se, supostamente, aquele que vem a uma análise sofre porque goza e goza porque descobriu um objeto que lhe completa e o que gostaria que acontecesse fosse uma ortopedia psíquica, no sentido de gozar adequadamente, no fim de uma análise, ao se deparar com a castração, ao se deparar com o inominável objeto de desejo, esse gozo fica relativizado e o desejo, possibilitado. Desejo, no entanto, sem nenhuma garantia de estabilidade, desejo testemunho do incerto e não do certo. É sobre este impasse da castração enunciado por Freud que Lacan propôs o passe, uma alteração na articulação do ser do sujeito, articulação essa no matema lacaniano representada pela ligação do sujeito com seu objeto, que escapa à representação significante, que escapa à associação-livre.

A este momento, Lacan denominou como "momento fantasmático", como "o salto no Real". Fica clara a divisão do sujeito entre saber e ser, enunciado na famosa inversão da frase cartesiana que dizia "penso, logo existo" para "penso onde não existo e existo onde não penso". Dito de forma mais simples, valendo-se mesmo do título do artigo de Freud, verifica-se no fim de uma análise que há um "Mal-Estar na Civilização". Na civilização se está mal, porque existe uma discordância do instrumento que temos para enunciar nosso desejo: a palavra e aquilo que queremos nomear – o objeto. Sendo assim, no fim de uma análise há uma decepção, isso não é lá uma grande propaganda. Uma decepção no analisando sobre sua esperança de que, embora ele soubesse que ele não sabia o que lhe faltava, alguém, o outro, o analista deveria sabê-lo.

O fim de uma análise traz ao sujeito a sua verdade, que estar neste mundo, que ser, um ser de fala, que ser um *"fale-ser"* é inconciliável com a garantia, mesmo que se quisesse refúgio no sintoma neurótico.

18 GOSTAR DE SOFRER

Cada um de nós chora ou sorri por detalhes irrelevantes aos olhos dos outros.

O PSICANALISTA DECLARA: "O sujeito goza em seu sofrimento". O povo traduz: "As pessoas gostam de sofrer". Todo mundo sabe disso, usa a expressão com frequência, mas acha que é brincadeira por não ser possível, em sã consciência, alguém gostar de sofrer. E, no entanto, isso é muito comum.

Como ninguém quer dar recibo, nem para si mesmo, do seu gosto pelo sofrimento, acaba incorrendo em uma prática dolorosa. Não querendo ser descoberta, a pessoa intensifica suas queixas e dores para melhor justificar seu momento sofredor.

Assim, aquela que sofre pela velhice de um parente próximo, ou de uma doença grave, ou de uma perda importante, a cada dia, surpreende-se com esse fato, como se fosse algo novo. É um modelo geral que se aplica às mais diversas situações da vida.

Isso explica, em parte, o crescimento do diagnóstico de depressão. Estamos vivendo uma epidemia de depressão. A pessoa não está muito bem, anda triste, esquecida, dorme mal ou dorme muito, lá vem a explicação: está deprimida. Entre não saber o que tem e aceitar um rótulo que todo mundo compreende e respeita, a pessoa se agarra ao segundo.

Assim foi com Maria. Ela não poderia ter outra coisa senão estar deprimida. Com distrofia muscular nos braços e nas pernas, andando em cadeira de rodas e dependente do seu marido cheio de saúde, o diagnóstico estava pronto só faltando o psiquiatra-psicanalista avaliar, medicar e explicar como ela deveria melhor se resignar a seu estado depauperado. Mas não foi nada disso que ocorreu.

Na primeira consulta entraram os dois, Maria e seu marido. Era um homem de forte envergadura, vistoso, contrastante com o estado e o aspecto de sua mulher. Começada a entrevista, Maria mal falava, nem mesmo levantava a cabeça. O analista perguntou se ela queria que o marido se retirasse. Ela não respondeu. Ele, o marido, repetiu a pergunta. Frente ao insistente silêncio dela, afirmou o analista: "Sim, ela quer que o senhor se retire". Surpreso, ele saiu. Ato contínuo, ela levantou pela primeira vez a cabeça e declarou: "Doutor, como é que alguém pode estar bem com um traste desses do lado?". Começou a se queixar do traste que a cansava, pois, medroso de andar sozinho, a forçava a acompanhá-lo em suas visitas de vendedor.

Solicitada a contar a história de seus relacionamentos amorosos, com cara de desalento, explicou que aquele homem era o seu segundo marido e que tinha se separado do primeiro pelo fato de o anterior ser um traste maior ainda. A repetição da nomeação "traste" levou à pergunta se o seu problema não seria a "trastite", ou seja, a escolha repetitiva de trastes como objetos amorosos. Ela abriu um sorriso radioso de confirmação do sintoma e vontade de falar a respeito. Seu tratamento começou assim, bem distante do sofrimento padronizável.

Moral da história: muitas pessoas se aferram a um sofrimento de alto valor social, para se justificarem em suas dificuldades. Por isso gozam no sofrimento, perdendo a sua singularidade. Cada um de nós chora ou sorri por detalhes irrelevantes aos olhos dos outros. Difícil é reconhecer e sustentar isso.

19 ESTÁ TODO MUNDO LOUCO

A vida não tem piloto automático.

CAMPANHAS APONTAM PARA O CONTROLE PSIQUIÁTRICO DA SOCIEDADE.

A sociedade ameaçada busca a sensação de garantia no aumento do controle. Não funciona, o controle aumenta, não funciona, a sociedade fica irrespirável; estamos construindo uma civilização que é a morte da vida.

Dois recentes exemplos, vindos da França, país do qual nos acostumamos a receber melhores coisas – da inteligência das ideias, ao aprimoramento do gosto –, são alarmantes.

A campanha da depressão e a prisão por precaução, ambos demonstrando a vontade da psiquiatrização social como método para se defender do inimigo interno e externo.

O inimigo interno é a depressão. Alardeia-se que até 2020 a depressão, junto às doenças cardíacas, será o grande problema de saúde pública. Criou-se o "dia da depressão" e foi lançado um guia para qualquer pessoa se autodiagnosticar em casa, se está ou não deprimida. Para tanto, basta responder a um questionário de cruzinhas, tipo sim ou não, que lhe pergunta sobre seu sono, seu cabelo, seu trabalho, e, claro, sobre seu ânimo, para, ao final, somado os pontos, lhe dar o veredicto e o que fazer; se deprimido, invariavelmente, tomar uma pílula. Não será muito difícil ver a depressão liderando as estatísticas, com tal campanha. Quem não quer uma respeitável explicação por suas dificuldades, tristezas, temores, impasses, uma explicação que, ao mesmo tempo em que tira sua responsabilidade de viver – sim, porque a vida não tem piloto automático, lhe dá boa companhia – "todo mundo louco" – e fácil tratamento: uma pílula, uma vez por dia, e sob o manto da certeira demonstração científica?

O inimigo externo é o crime. Está sendo criado um novo dispositivo que fará com que o prisioneiro, ao final da pena, possa continuar retido, agora em um "centro sócio-médico-judiciário de segurança". Enorme e radical mudança no princípio do direito: não se trata mais de avaliar a infração cometida, mas de diagnosticar psiquiatricamente a periculosidade, por disposição inata ou adquirida para cometer crimes. Declara-se o fim da presunção de inocência, o direito muda de bússola: da lei para os testes psiquiátricos, como analisa, em artigo no *Le Monde*, Robert Badinter, ex-ministro de Justiça francês. Aquilo que era contado como piada: "– Por que você me prendeu?", – "Não sei, mas você deve saber", passa a ser prática social, perdendo toda a graça.

O fato de termos novos problemas a tratar, novos sintomas frutos de uma globalização que ainda nos surpreende e com quem ainda mantemos difícil convivência, por nos ter tirado da zona de conforto de um mundo a que estávamos acostumados, ao menos há três séculos, não deve nos autorizar a soluções milagreiras que, disfarçando o problema, só o aumenta, enquanto repousamos na rede da irresponsabilidade, pois, afinal, está todo mundo louco mesmo.

20 **PESQUISITICES**

**A mania de pesquisa
que assola o mundo
gera falsa segurança
e cria nova doença.**

É PREOCUPANTE ESCUTAR EM UM CONGRESSO recentemente patrocinado pela principal universidade da América Latina, a Universidade de São Paulo, um bem apresentado pesquisador das neurociências dizer algo mais ou menos assim:

> Finalmente, a ciência vai trazer as respostas
> ao mundo sobre as quais filósofos nunca
> conseguiram se entender, a saber: onde se
> localiza no cérebro o amor, a inveja, o ciúme,

o gosto, e, em decorrência, poder intervir farmacologicamente sobre eles, trazendo o alívio que a Filosofia e a Psicanálise nunca foram capazes de oferecer, apesar do tempo que a ciência lhes deixou para tanto.

As mil e duzentas pessoas ali presentes, a maioria jovens recém-formados nas áreas biológicas, acharam tudo natural, da mesma forma que Vinícius dizia que acabamos por achar Herodes natural.

Um médico, diretor de pesquisas de um laboratório farmacêutico, ao ouvir essa boa-nova, animadíssimo deixou escapar: "É isso mesmo, nós, por exemplo, em pouco tempo estaremos prontos para lançar um remédio específico para o Id". Foi apartado simpaticamente por um psicanalista que lhe propôs batizar o novo medicamento de "Idi-ota", na certeza do seu sucesso.

Estudos dessa espécie, se assim merecem ser chamados, pululam em reconhecidos centros de pesquisa do mundo ocidental, generosamente pagos por agências governamentais de fomento à pesquisa. É o povo pagando pelo velho sonho da felicidade encapsulada e recebendo de presente o pesadelo reducionista do apagamento da subjetividade humana.

A epidemia dessas pesquisas esquisitas, que de tantas já merecem um diagnóstico, proponho chamar PESQUISITICES, explica-se pelo desbussolamento humano na era da globalização. No mundo anterior – chamado de moderno, ou industrial – o laço social, ou seja, os modos de comportamento das pessoas, era gerenciado por padrões verticais de identidade: na família, o pai; no trabalho, o chefe; na sociedade civil, a pátria. No mundo atual, a ligação entre as pessoas se horizontalizou; os padrões não são mais unitários, mas múltiplos, o que aumenta muito a responsabilidade de cada um frente às suas escolhas. E isso angustia, daí a ânsia de que algum estudo empírico restabeleça a ordem vertical perdida e assegure o sucesso a quem disciplinadamente seguir o que lhe for prescrito "cientificamente".

Pesquisar, no sentido de certas pesquisas empíricas, quer dizer encontrar a cifra que represente cada uma das experiências que se quer estudar. Nesse caso, só se pode pesquisar o que for passível de ser filtrado pela palavra. Parte-se, necessariamente, do princípio de que tudo pode ser nomeado, e aí reside o engano. O mais essencial da experiência humana não tem nome, nem nunca terá, o que explica a característica básica dos homens: a criatividade. É paradoxalmente obscurantista a ciência que não vê o invisível do desejo; acaba promovendo o ridículo em nome de uma segurança enganosa.

21 COMENTÁRIO DO TEXTO DE JACQUES LACAN "O LUGAR DA PSICANÁLISE NA MEDICINA"

O debate se inicia com as provocações e habituais questões que médicos fazem a analistas, baseados em um discutível princípio científico das evidências.

EM 1966, JACQUES LACAN É CONVIDADO para um debate no Collège de Médecine, na La Salpetrière, em Paris, sobre "O lugar da psicanálise na medicina". Preside a mesa Jenny Aubry (mãe de Elisabeth Roudinesco) e dela também participam a psicanalista Ginette Raimbaut, o endocrinologista Henri-Pierre Klotz e o pediatra Pierre Royer.

O debate se inicia com as provocações de Henri-Pierre Klotz, o qual coloca as habituais questões que médicos fazem a analistas, baseados em um discutível princípio científico das evidências. Pierre Royer, mais docilmente, acompanha seu colega em seu interrogatório inicial. Jacques Lacan lhes dá uma longa resposta na qual sintetiza com clareza incomum os principais pontos de seu ensino. A sua conclusão é surpreendente. Poderia quase assim ser enunciada: a verdadeira medicina é a psicanálise.

Desnecessário dizer que essa demonstração não agradou muito aos que se achavam filhos legítimos de Hipócrates. O dócil pediatra do início do debate se transformou em verdadeiro Herodes querendo matar todos os filhos de Jacques Lacan e, se possível, o próprio.

As questões levantadas nesse texto surpreendem por sua atualidade. As respostas continuam a aguardar quem delas possa fazer suporte, pois, como ali afirma Lacan:

> **Este lugar (da psicanálise na medicina) atualmente é marginal e, como já escrevi em várias ocasiões, extraterritorial. Ele é marginal por causa da posição da medicina com relação à psicanálise – ela admite-a como uma espécie de ajuda exterior, comparável àquela dos psicólogos e dos outros distintos assistentes terapêuticos Ele é extraterritorial por conta dos psicanalistas, que provavelmente têm suas razões para querer conservar essa extraterritorialidade. Não são minhas estas razões, mas não creio que minha vontade baste para modificar as coisas.**

Leia em seguida algumas frases extraídas do texto:

> **"Um corpo é algo feito para gozar, gozar de si mesmo".**

"Eis então duas balizas, primeiramente
a demanda do doente, em segundo
lugar o gozo do corpo."

"A dimensão ética é aquela que se
estende em direção ao gozo."

"O desejo é de alguma maneira o ponto de
compromisso, a escala da dimensão do gozo,
na medida em que, de certa forma, permite
levar adiante o nível da barreira do prazer."

"Prazer é a excitação mínima, aquilo que faz
desaparecer a tensão, tempera-a ao máximo;
é aquilo que nos para necessariamente
a um ponto de distanciamento do
gozo. É uma barreira ao gozo."

"Há um ponto fantasmático, de dimensão
imaginária, que faz com que o desejo seja
suspenso a alguma coisa da qual não é de sua
natureza exigir verdadeiramente a realização."

"É no registro do modo de resposta à demanda
do doente que está a chance de sobrevivência
da posição propriamente médica."

"A demanda não é absolutamente idêntica
ao desejo; é, por vezes, diametralmente
oposta àquilo que se deseja."

"Existe um desejo porque existe algo de inconsciente, algo da linguagem que escapa ao sujeito em sua estrutura e seus efeitos; há sempre no nível da linguagem alguma coisa que está além da consciência. É aí que pode se situar a função do desejo."

"O saber permanece para o sujeito marcado de um valor nodal pelo fato de que o desejo sexual na psicanálise não é a imagem que devemos conceber a partir de um mito da tendência orgânica. Ele é algo infinitamente mais elevado e ligado, antes de mais nada, precisamente à linguagem, na medida em que é a linguagem que lhe dá inicialmente seu lugar e que sua primeira aparição no desenvolvimento do indivíduo se manifesta no nível do desejo de saber."

"O que indico ao falar da posição que pode ocupar o psicanalista é que atualmente ela é a única de onde o médico pode manter a originalidade de sempre de sua posição, qual seja, daquela de alguém que tem que responder a uma demanda de saber, ainda que isso possa ser feito conduzindo-se o sujeito a voltar-se para o lado oposto das ideias que emite para apresentar esta demanda."

"Se o inconsciente não é uma coisa monótona, mas, ao contrário, uma fechadura tão precisa quanto possível e em cujo manejo não há nada além de não abrir aquilo que está além de uma cifra da maneira inversa de uma chave, esta abertura só pode servir ao sujeito em sua demanda de saber. O inesperado é que o próprio sujeito confesse sua verdade e a confesse sem sabê-lo."

"Na medida em que mais do que nunca a ciência está com a palavra, mais do que nunca se suporta este mito do sujeito-suposto-saber, e é isto que permite a existência do fenômeno da transferência enquanto remete ao mais primitivo, ao mais enraizado do desejo de saber."

22 ESTÁ TUDO BEM, MUITO BEM

Chamar urubu de meu louro não afasta o urubu.

TUDO RUIM.

Uma doença neuromuscular que mata em média antes dos trinta anos. Associadas à sua paralisia progressiva de braços e pernas, típica da síndrome de Duchenne, ele, que já não anda mais, ainda tem osteoporose e alterações cardíacas. Seu pai morreu há poucos meses. Resultado: depressão. Foi demais.

Sua mãe explica, para mim e para ele, que ela conhece bem a doença e sua morte. Teve três irmãos, todos com Duchenne, todos mortos. Um deles morreu no mesmo dia em que Cristóvão nasceu. Luiza, a mãe, chama isso de presente de grego. Isso o que? A morte do irmão ou o nascimento do Cris?

Está tudo bem, muito bem. Estava um pouco triste, agora tudo bem. Estou pensando até em voltar a trabalhar, explica. Sabe que não convence nem a si mesmo. Mas quer se convencer, precisa se convencer. Dormir está difícil, o BiPAP, respirador artificial, incomoda. Ele já entendeu, está tudo bem. Mas com BiPAP, sonhar é difícil.

Mais uma pergunta e ele desabaria. Você é eternamente responsável pela crise que você provoca, teria dito Saint Exupéry a um psicanalista pronto a uma interpretação.

Não há chance para Cristóvão. Agarra-se no "tudo bem". Acuado no canto, exibe seu último escudo protetor: tudo bem, tudo bem. Como encontrar uma brecha, um momento de passagem, momento de ficar no ar entre uma apara e outra? Mesmo quando a morte vem em turma: seu corpo, três tios, alguns primos e mais, ainda sobra uma incerteza salvadora. Cristóvão mostra a abertura que o bom senso já teria trancado. Nada a compreender a não ser constatar. A não ser analisar, não sintetizar. Cristóvão quer trabalho, nós vamos trabalhar.

Luiza já sabe todos os nomes da morte, são todos nomes íntimos. Mário, João, Ernesto. Mas chamar urubu de meu louro não afasta o urubu. Cristóvão não aguenta mais Luiza. Luiza não aguenta Luiza. Ela também vai se tratar.

23 "INTIMIDADE PRESERVADA"

Psicanálise e psiquiatria não se somam, mas podem e devem se articular, no benefício do tratamento da dor de existir.

ALGO NOVO ACONTECE NO DOMÍNIO DA PSIQUIATRIA E DA SAÚDE MENTAL. Foi expresso na sexta-feira, 4 de fevereiro, em Paris, pelo ministro da Saúde francês, Philippe Douste-Blazy, ao apresentar, em uma concorrida entrevista coletiva, televisionada em rede nacional, o seu esperado plano psiquiátrico. Mais de um bilhão de euros serão aplicados nos próximos cinco anos em um projeto ambicioso que, além das ações de renovação do equipamento hospitalar, contratação e investimentos na formação profissional e reorientação do conhecimento social, prima por se apresentar como uma mudança paradigmática na atual corrente majoritária da saúde mental no Ocidente. Nos últimos anos, essa política veio sendo dominada por uma visão empirista, calcada em um neodarwinismo biológico, com a pretensão de entender e enquadrar o sentimento humano em modelos de comportamento-padrão e de neurofisiologia cerebral.

A importância da mudança desencadeada na França excede os limites de suas fronteiras. A correspondência das políticas nacionais de saúde é um fato e os problemas e soluções nos são comuns. Desde o início de sua fala, o ministro anunciou um novo tempo:

> ... o próprio da saúde mental é que ela deve se confrontar ao sofrimento nascido do mais íntimo. Em face deste sofrimento secreto, indizível, o primeiro dever de uma sociedade fundada sobre a solidariedade e as liberdades é reconhecer que não pode haver aí só um tipo de resposta.

Disse: "O sofrimento psíquico não é nem avaliável, nem mensurável".

Um homem público tem a coragem de não ceder à fácil e tanto quanto perigosa tendência atual de oferecer falsos semblantes de segurança, por meio de critérios empíricos de avaliação e controle, a uma população desorientada, desbussolada por fenômenos tenebrosos. Em dezembro, na cidade de Pau, um homem decapitou duas mulheres que eram agentes de saúde. Em janeiro, outro homem, no metrô de Paris, matou uma pessoa, jogando-a do trem em movimento. Esses fatos estão ocorrendo com frequência cada vez maior em vários países. Quem não se lembra da jovem, bonita e rica, estudante da Pontifícia Universidade Católica de

São Paulo, acusada de ter orquestrado o assassinato de seus pais, por seu namorado e pelo irmão deste? E Columbine?

O ministro Douste-Blazy disse "não" à interpretação reacionária da fórmula: "o preço da liberdade é a eterna vigilância". Ele disse "sim" ao desejo e à responsabilidade subjetiva, fora do *standard*, fora da ilusão pseudocientífica e controladora de protocolos de procedimentos terapêuticos que passaram, em nome do "custo-benefício" de companhias seguradoras, instituições de governo, e de uma parte criticável da indústria farmacêutica, a dominar os atendimentos de saúde pública, digitalizando os pacientes. Custa muito caro essa política de controle social, que acalma, mas não trata. O bom senso pensa mal. É melhor enfrentar um difícil problema que tapar os olhos com inúteis remédios.

O problema foi lembrado pelo ministro, ao dizer que o sofrimento psíquico tem a característica essencial de ser secreto, indizível, não avaliável, nem mensurável. O bom senso diria que crimes ocorrem porque falta disciplina, ou remédio. O novo e ousado plano de saúde mental francês diz que se houve crime é, também, porque não houve escuta. Não a escuta do entendimento, a da compreensão, não essa. Faltou a escuta à singularidade, ao diferente, ao inusitado, ao que não cabe em nenhum protocolo, ao que nunca tem nome, nem nunca terá. Jacques Lacan, retornando a Freud, dizia que o forcluído no simbólico retorna no Real. Nesses casos, retornou com violência.

O plano Douste-Blazy reenlaçou a psicanálise com a psiquiatria, sabendo distinguir claramente as diferenças, o que é fundamental para uma eficaz colaboração recíproca. Psicanálise e psiquiatria não se somam, mas podem e devem se articular, no benefício do tratamento da dor de existir.

Não será fácil para o ministro, no entanto, a continuidade de sua ação. Ele tocou no nervo mais sensível da chamada sociedade de controle, ao defender publicamente o direito ao segredo. É esta mesma sociedade de controle que preconiza, no Brasil, que psicólogos denunciem intenções agressivas em seus pacientes, ou que advogados prendam seus clientes.

No dia seguinte à apresentação de seu plano, Douste-Blazy compareceu ao "Fórum dos Psi", coordenado por Jacques-Alain Miller, na histórica sala do Palais de la Mutualité, lotada por mais de 1200 pessoas. Há um ano esses fóruns acontecem sob extrema tensão, buscando uma saída para a tendência empírico--controladora de medidas governamentais anteriores a esta. Aí comparecem não só "psis", mas também uma parte importante da inteligência, dos políticos franceses e além. Jacques-Alain Miller, Eric Laurent, Elisabeth Roudinesco, entre outros "psis", debatem com o filósofo Bernard-Henri Lévy, com Philippe Sollers, com o jornalista Edwy Plenel, juristas e sindicalistas. Todos sabem que o que ali se discute vai além de um problema local; o que está em jogo é o estabelecimento de um novo laço social compatível com a globalização.

Douste-Blazy foi ovacionado; Miller, elegantemente, compartiu os aplausos e os elogios que recebeu. Foi um doce repouso antes da próxima batalha, já anunciada na reação dos burocratas-solidários.

24 CASO DIOGO

Diogo está bem, muito bem, porque não autorizou o sofrimento, nem em si, nem nos que lhe são caros.

A DECISÃO DA VIAGEM

(Setembro, 2006) Estávamos no corredor da Clínica do Genoma. Uma senhora se destacava dos outros pais de ares constritos e pesarosos. Fátima esbanjava animação nas histórias que contava de sua terra e nas informações que prestava sobre seu filho Diogo, portador da distrofia de Duchenne. Diogo cursava a faculdade de sociologia, no último ano; no tempo em que os que se achavam doentes se preparavam para um triste fim, Diogo insistia no começo, com isso retardando o fim. Decidimos ali a viagem: valia a pena ir até Natal, onde eles moravam, documentar em filme esta história de vida.

PRIMEIRO DIA

(17/11/2006) Mayana Zatz e eu chegamos de táxi ao encontro marcado em frente à Biblioteca Central da Universidade Federal do Rio Grande do Norte, onde Diogo estuda. Sérgio Zeigler, o diretor do filme, já estava lá há uns quinze minutos, de câmera na mão, com Mariana Amaral de assistente, para registrar o momento do primeiro bom dia. Insólito. Diogo tal qual rei, sentado em trono móvel, nos olhava esverdeadamente além, por trás de seus óculos panorâmicos e transparentes. A porta da Biblioteca Central fazia-lhe moldura de grandeza. Os estudantes entravam e saíam diminuindo o passo e a voz. Ao lado de Diogo, cenho fechado e guardião, um moço que se revelaria seu acompanhante, ferramenta para toda obra, acompanhava o que ocorria.

Cumprimentos feitos – Fátima não estava, tinha ido estacionar o carro, o que aumentava a intensidade muda do contato, Diogo resoluto acelerou sua cadeira calçada abaixo, nos conduzindo sem maiores explicações ao prédio vizinho, onde deveríamos encontrar seus amigos. Meia-volta para cá, meia-volta para lá, fomos dar em uma sala onde nos deparamos com sua professora de Antropologia e seu grande amigo Jonathan. A professora, moça bonita, morena, cabelos cacheados longos e saia comprida, daquele jeito que um dia Telmo Martino apelidou de "bata e bolsa", saiu apressada pelo canto da câmera, voltando tão depressa quanto, esclarecendo a ideia de Freud que o tímido quer aparecer. "Professora", dissemos, "podemos conversar um pouquinho?". "Ah, difícil, tenho tanto trabalho para fazer...". Pensei quão folgados nós éramos aos olhos daquela trabalhadora incansável. Mas não foi necessária muita insistência para gravarmos seu sorriso e seu depoimento. Para o desalento de Fátima, a professora – puxa!, não sei seu nome – preferiu destacar o aspecto bagunceiro de Diogo, que lhe ouvia em clara indiferença sorridente. Foi aí que se aproximou Jonathan. Um pouco avantajado de abdome, moreno, muito simpático e transbordando de amizade franca por Diogo. A conversa rolou fácil e serviu para o degelo da frieza persistente desde a porta da biblioteca. Ajudaram os exemplos de amizade que Jonathan dava, todos calcados sobre as experiências cúmplices de burlar as normas chatas. Os dois riam muito, minhas intervenções os provocavam. Nem um nada de paralisia foi lembrado. Só as aulas, as festas, as meninas, a música, os planos. Seguimos corredor afora atrás de novos colegas. Encontramos Andressa, exemplar de beleza dura da região nordestina. Com ela, ao contrário de Jonathan, foi só o politicamente correto, a indignação, o governo que não faz nada, a falta de rampas, de corrimão – sim, pois há que se pensar nos outros deficientes também, como os cegos, perorava com propriedade. Andressa quer emprestar sua voz muito além de Natal, província pequena sem espaço para formar o eco de suas lutas. E ela já as vê muitas, esta Quixota que pensa não ter tempo para homem. Ao final, beija a mão de Diogo, explicando que não existem diferenças de sexo.

Enquanto isso, sentada no banco, ao meu lado, Fátima infindava, entrecortada pelos passantes e por mim, sua história de amores para a qual os espinhos são só trampolim. Falou e falou da cidade pequena de sua infância – hoje sob as águas de uma represa –, dos seus dez irmãos, dela ser a mais velha e de ter querido adotar todos quando sua mãe morreu no parto do Donato, seu irmão-filho favorito. Contou do moço rico, com fazenda para abrigar todo mundo, que queria casar com ela, que ela até namorou, mas não casou. Literalmente: não dava. Falou de sua ida para Natal, do primeiro emprego no jornal dos conhecidos do pai e do encontro com o gráfico João. Quanta coisa ela aprendeu com o João: de música, de livros, de aproveitar a vida. João ia casar com outra, acidente de percurso que em nada mobilizava Fátima de querer sua companhia. Um dia, João já casado, pois ele não foi tão forte quanto ela, que preferiu seu desejo à fazenda "para todo mundo", um dia ela descobriu que João não se opunha a ter filhos com ela, o que lhe revelou o quanto ela queria ser mãe. Tomou cuidado de avisar a toda a gente do que ia acontecer: família, colegas de trabalho e amigos, na esperança de que "coisa errada" anunciada, e não escondida, é menos errada; mandou ver, engravidou. Tinha muito medo de ter um filho com síndrome de Down, pois era professora e se dedicava aos excluídos. Nasceu seu primeiro filho, Diogo. Fim do primeiro dia.

SEGUNDO DIA

(18/11/2006) Duvidei antes de fazer a pergunta, sabia que era uma aposta, mas não podia evitar e confiava na lógica do que Diogo já me tinha dito:

– Diogo, e as namoradas?

Amplo sorriso, é sempre amplo o sorriso de Diogo, olhar de extravio, e lá veio a resposta matreira:

– No momento, não tem nada, não (leia com sotaque nordestino). Só uns beijos de ficar, mas sem maior seriedade. Tá bom assim.

– E a Andressa?

– Ah, se ela tivesse querido... mas tá tudo bem... nas festas... não dá para se queixar.

Convincente, absolutamente convincente.

Estávamos agora na sala de entrada de sua casa. Neste dia, nosso programa era entrevistar intensa e exclusivamente Diogo e Fátima. Pelas duas paredes laterais vazadas por *brise soleil* na vertical, uma brisa morna era dirigida sobre nós, amainando, só um pouquinho, o calor inimaginável de uma Natal equatoriana. A família se reunia discretamente, como convinha, no amplo terraço da entrada, recheado de poltronas e de três redes coloridas. Todos vestidos para dia de festa, para aparecer na televisão. Sim, é bom lembrar que não estávamos entrevistando um paciente, mas uma pessoa que soube por natureza espontânea, como nos explicamos Diogo e eu, atingir o cobiçado *savoir y faire avec son symptôme*, preconizado por Jacques Lacan.

Fátima teve papel fundamental nesse caminho: foi mãe-mulher e não mãe-enfermeira, mesmo que a situação parecesse exigir este papel. Claro que se angustiou, que quase desesperou, que engordou, mas na base não cedeu, manteve-se cheia de desejo, o que lhe ensinou que frente a ele, desejo, todo mundo é diferente. Assim, nenhuma exceção para Diogo – a não ser as óbvias de locomoção –, nenhuma exceção quanto à responsabilidade pessoal de se reinventar em sua singular diferença, de se ressignificar: palavras dela, nada combinado comigo antes.

Mayana me pergunta se estou contente de ver minha hipótese confirmada; ela, sem dúvida, está contente: achou uma ponte entre o laboratório onde confirma ou infirma suas hipóteses científicas com as entrevistas de Diogo e Fátima. Diogo está bem, muito bem, porque não autorizou o sofrimento, nem em si, nem nos que lhe são caros. "Desautorizar o sofrimento" teve uma primeira evidência de comprovação científica, desde o psicanalista até o biologista.

TERCEIRO DIA

(19/11/2006) O combinado era uma roda de bate-papo descontraído, perto da hora do almoço, quando já tivéssemos saído do hotel, indo para o aeroporto, uma vez que a casa de Fátima ficava a meio caminho. Mayana, que até então tinha falado menos, iria ser a mensageira da boa-nova: a revista *Nature* desta semana anunciava sucessos promissores em testes de células-tronco em cachorros distróficos, na Itália.

Um microfone improvisado amarrado no teto marcava o centro da roda familiar reunida no terraço da entrada. Conhecemos mais uma parte dos irmãos de Fátima e de seus sobrinhos. Dois agregados muito íntimos foram admitidos, por serem "quase-família". Fátima explicou seus esforços para manter à distância médicos neurologistas ávidos por uma casquinha de conversa com a grande geneticista, tão raramente vista naquelas paragens. Aliás, ela diz várias vezes que só acreditou que nossa presença ali era verdadeira porque a vida lhe ensinou a acreditar no impossível.

Fátima não fala, faz depoimentos. Conta dos acepipes preparados para o almoço-surpresa e o que cada um tinha feito, logicamente, depois de cuidadoso aprendizado com ela, o que conferia um selo de qualidade: a galinha caipira, o camarão com queijo, o salmão grelhado, bem como os acompanhamentos: pirão, farofa, feijão-verde, salada. Daí, passou a nos agradecer. Os agradecimentos eloquentes de Fátima, naquela roda de conversa atenta e respeitosa, desencadearam o primeiro momento comovente. Seguiu-se um intervalo de reajuste da câmera e descontração geral. Veio, então, o clímax: Mayana anuncia o avanço na pesquisa do tratamento da distrofia, entrega para Fátima o artigo que escreveu nesta semana sobre o tema, e afirma que em menos de dez anos o tratamento será possível. Fátima nem sabe mais o que dizer, pois já tinha gastado muito na tradução anterior de seus sentimentos. Mas ela se renova e consegue se superar. Deixa entender, gaiatamente, onde tinha aprendido os termos ressignificar e reinventar, o que não lhe diminui em nada a autoria do fato que só esperava a legitimação do conceito.

Diz que foi em uma conferência minha no Senado. Hesitei em dizer, para não decepcioná-la, que havia sido só na Câmara.

Um moço pede a palavra e fala em nome dos moços. Ele é primo de Diogo, sua fala transforma todos ali em irmãos solidários. Um tio, sentado atrás da câmera do Sérgio, vê que eu vejo uma lágrima descer, em solavancos de tobogã, em seu rosto talhado no sol e no campo. Queria avisar o Sérgio, mas não havia como. Discretamente ele a enxugou com um dedo e, sem nada dizer, firmou um contrato de olhar: preferia calar seu sentimento. Assenti. Mais ao fundo, Mariana de olhos azuis faz o contrário: dá vazão perfeita à beleza de um choro de vida.

Diogo agora sabe que tem que aguentar mais uns poucos anos. Ele ainda nem está no BiPAP... Tem tempo sim, ora se não. Ri com seu estilo *low-profile* e me diz: "Você já pensou, Doutor? Vou ter que aprender de novo a andar, a dançar, a correr; vai ser engraçado".

25 A FESTA DOS PSIQUIATRAS

A lanterna que ilumina é a mesma que cria a sombra.

PSIQUIATRAS E PSICANALISTAS nem sempre estão nos melhores termos. "Desdém" é o sentimento que têm em comum, na mesma direção, em sentido contrário.

A falta de cientificidade positiva da psicanálise a faz prima do charlatanismo para os psiquiatras e o "discurso do mestre" da psiquiatria a faz retrógrada e alienante para os psicanalistas. Há mesmo quem ache que ser psicanalista é aquele que se desvencilhou de seu "vício psiquiátrico". Triste, muito triste esse panorama. Lembro-me de Althusser que dizia que em alguns momentos a teoria é o porrete que bate mais forte.

A continuarmos assim, em breve anunciaremos: neste *corner* a "Síndrome do Pânico", no outro, o "Sujeito dividido"; como plateia, histéricas e obscuros objetos do desejo.

O buraco está mais em cima. É inegável ser a Psicanálise herdeira da Psiquiatria. Herdeira, nem continuadora, nem parte. A psicanálise não vai substituir a psiquiatria e nem também é, como já quiseram que fosse, uma técnica desta. A psicanálise é herdeira da psiquiatria porque sua ação se realiza no mesmo campo, "no mesmo conjunto de experiência do homem", conjunto chamado, com reserva, de "sofrimento psíquico".

A psicanálise age e fala onde o diálogo psiquiatra-paciente emudece.

É tola e perigosa a esperança de alguns defensores da psiquiatria biológica de que os avanços das pesquisas laboratoriais irão terminar por nos oferecer um mapeamento absoluto do psiquismo, o que nos conferiria a honrosa colocação de primeiro entre os autômatos. É tola por desconsiderar nossa qualidade de falantes, de "loquentes", que gostosamente nos condena a estar "Mal na Civilização", como advertiu Freud. E é perigosa essa esperança, porque se lembrarmos que juntos com o discurso da ciência ("fazer saber") vem o da técnica ("saber fazer"), quando um discurso da ciência se fundamenta num "vir tudo a saber" traz como consequência um "vir tudo a fazer". A primeira metade deste vigésimo século já publicou esse desastre eugênico.

Forçosamente, sempre haverá um silêncio renovado no avanço do discurso da ciência no qual a psiquiatria se suporta. A cada prova realizada, outros tantos improváveis são criados ao mesmo tempo. A lanterna que ilumina é a mesma que cria a sombra.

Isso não é só papo de psicanalista, de humanistas ou outro-istas, é "papo sério" do lógico Godel, o mais importante matemático contemporâneo. Atenção, colegas psiquiatras, devagar com o andor que o Santo fala... E lá vem a psicanálise e o Mal-Estar na Civilização, ocuparem-se do improvável. Enquanto a psiquiatria civiliza a dor, classifica o particular no universo, gera remédio para todos e estatísticas de atuação; a psicanálise, como já dito, trabalha com o que escapa dessa maravilhosa parafernália: o incivilizado e particular e Real – *Das Ding* – a coisa freudiana.

Psiquiatria e Psicanálise se equilibram em seus impossíveis discursivos, se atendermos a Lacan. Se não vemos mais histéricas charcotianas como antigamente, é também porque a psiquiatria ajudou a mudar a sua manifestação. Não se extinguiram a histeria, a obsessão, a perversão ou a psicose, mas se favoreceu o fim de certas apresentações e o aparecimento de outras. Pobre do clínico acomodado ao catálogo das aparências. Nada mais velho que o jornal de ontem.

Afora o renovar da clínica psicanalítica que a psiquiatria obriga, sobre os casos ditos "consagrados" e "clássicos", tem também a psicanálise que se haver com outras situações novas do discurso da ciência: o bebê de proveta, a engenharia genética, a eutanásia, a Aids, e demais elementos modernizadores na enunciação da sempre estrutural lei edípica.

Sim, por tudo isso e ainda mais, respondo "sim", à pergunta que me fizeram sobre se era importante um Congresso de Psiquiatria nos dias de hoje.

Vale, para concluir, uma lembrança: normalmente são os psiquiatras que convidam os analistas a seus congressos. Palmas para eles.

Há uma curiosidade no agradável ambiente dos congressos psiquiátricos que talvez explique: um psiquiatra sabe que é um psiquiatra; um psicanalista tem sempre que responder: "Com que roupa, com que roupa que eu vou na festa...?".

26 A MEDICINA PARA ALÉM DAS EVIDÊNCIAS

Paradoxalmente, sabemos cada vez mais e conhecemos cada vez menos.

ENTREVISTA DE JORGE FORBES AO PORTAL DA FACULDADE DE MEDICINA DA UNIVERSIDADE FEDERAL DE MINAS GERAIS

Psicanalista renomado faz Conferência Magna no 3º Congresso Nacional de Saúde, em BH. Jorge Forbes é referência em diversas áreas por trabalhos sobre novas formas de viver na pós-modernidade.

"A Medicina para além das evidências" foi o tema escolhido para a abertura oficial do 3º Congresso Nacional de Saúde, que acontece entre os dias 3 e 5 de setembro. Membro da Associação

Mundial de Psicanálise (AMP), o também médico psiquiatra Jorge Forbes foi o convidado para proferir a Conferência Magna, que abordará temas de enigmas da medicina.

Jorge Forbes é presidente do Instituto da Psicanálise Lacaniana (IPLA) e dirige a Clínica de Psicanálise do Centro do Genoma Humano da Universidade de São Paulo. Também é analista membro da Escola Brasileira e Europeia de Psicanálise, e é dos principais introdutores do ensino de Jacques Lacan no Brasil, de quem frequentou os seminários em Paris, de 1976 a 1981.

Segundo a professora Maria Cecília Diniz Nogueira, integrante da comissão organizadora do evento, a presença de Forbes é um ponto muito importante para o Congresso. "Além de psicanalista, ele também é um médico de reconhecimento internacional, e ainda atua em universidades, como a Universidade de São Paulo (USP). A psicanálise tem outro olhar, e quando possível, articula a atuação de qualquer profissional", explicou a professora.

Em suma, quais assuntos serão abordados na conferência?
Vou tratar do que anunciei no título: "A Medicina para além das evidências". Nos últimos vinte anos, a medicina tem vivido na ideologia de que tudo pode ser detectado e provado empiricamente. É o que se escuta, com frequência, quando se vai a uma consulta e o médico afirma: "Os seus exames mostram que...". O problema é que os exames mostram coisas diferentes, para médicos diferentes; qualquer cliente já vivenciou isso. Considero importante notar que os avanços científicos não abolem a subjetividade e nem diminuem a responsabilidade do médico, todo o contrário.

Qual a importância de se retratar assuntos como estes no cenário atual da saúde?
É fundamental. O mundo mudou completamente nos últimos trinta, quarenta anos. Saímos da era moderna e entramos na pós-moderna. Dito de outro modo, saímos de "TerraUm", e estamos em "TerraDois", que é um outro planeta. Se não nos atentarmos a esse fato, vamos insistir em velhos remédios para novos sintomas, o que não é nada bom.

Como a psicanálise se envolve e descreve a situação da Saúde na contemporaneidade?
Um dos aspectos principais da contemporaneidade é a falta de padrões de comportamento. Saímos de uma sociedade disciplinada, vertical, e estamos em uma sociedade horizontal, múltipla, em rede, de comportamentos flexíveis. A psicanálise pode ser importante aos médicos que terão que se defrontar, cada vez mais, com demandas singulares de seus pacientes, além dos protocolos.

Atualmente, do ponto de vista psicanalítico, o que é preciso para que a Medicina atue de forma plena?
A Medicina, a meu ver, tem que dar um passinho à frente e reconhecer que o sonho tranquilizador – para muitos – de que tudo viria a ser comprovado cientificamente está fazendo água. Paradoxalmente, sabemos cada vez mais e conhecemos cada vez menos. Discutirei esse aspecto.

Como foi ser convidado para participar do 3º Congresso Nacional de Saúde?
Fiquei honrado e contente. Honrado pela importância do evento e do convite, contente pela oportunidade de me dirigir, desde a psicanálise, aos meus colegas médicos. Espero um bom encontro.

Qual a expectativa de legado a ser deixado para o público participante do Congresso?

"Legado" é uma palavra importante demais. Espero ser capaz de mostrar a fantástica revolução na forma de viver e na saúde do homem globalizado e o tamanho da tarefa que temos pela frente de fazer com que a Medicina se reoriente na ética própria ao século XXI.

27 OS PERIGOS DE TUDO PODER

Qual é afinal o princípio da responsabilidade de cada um?

HÁ QUATRO ANOS, convidados pela professora Mayana Zatz, Professora Titular de Genética Médica da Universidade de São Paulo (USP), criamos uma clínica de Psicanálise no Centro do Genoma Humano dessa universidade. Pode parecer estranha a muitos essa junção de Genética com Psicanálise e isso porque popularmente se tem a ideia de que Genética é uma disciplina empírica e objetiva e a Psicanálise é estrutural e subjetiva. Uma, a Genética, trabalharia no eixo de causa e efeito, estabelecendo relações biunívocas sem falhas; outra, a Psicanálise, seria sempre relativa ao contexto, sem possibilidade de generalização, trabalhando na singularidade do caso a caso. Pois bem, o que motivou a criação de uma clínica de Psicanálise em um centro de genética foi exatamente a constatação de que o aumento do conhecimento das nossas bases genéticas, a possibilidade de hoje decodificarmos o DNA de uma pessoa, não traz nenhuma paz eterna a nossas dúvidas de como viver; ao contrário, a massa de informações que recebemos aumenta a necessidade da interpretação. Quem achou que a Genética seria uma astrologia científica e que geneticista seria o vidente da pós-modernidade se viu frustrado. Sobre isso, o primeiro homem a ter seu DNA decodificado, o geneticista norte-americano Craig Venter, escreve na abertura de seu livro *Uma vida decodificada*, o seguinte: "O DNA é a música. Nossas células e o ambiente são a orquestra", o que é uma síntese poética do que dizíamos.

Temos vários aspectos desse trabalho a abordar, coisa que farei paulatinamente nessa coluna; desta vez questionemos onde está o limite do uso dos avanços científicos: como nos posicionarmos frente às inusitadas possibilidades que esses avanços produzem?

No seu blogue da revista *Veja*, Mayana Zatz cita que a revista *Nature*, um dos mais prestigiados veículos científicos do mundo, acaba de publicar um artigo de Alan Handyside, especialista em reprodução assistida, que, ao fazer o balanço de vinte anos dessa prática, conclui preconizando que no chamado "DPI", sigla de "Diagnóstico Pré-Implantação", em caso de dúvida, "Deixem que os pais decidam".

É simpática essa posição, ela se baseia na moral romântica de que os pais, sempre querendo o melhor para os seus filhos, seriam os melhores decisores, inclusive sobre a vida que ainda vai existir. Muitas vezes funciona relativamente bem, porém nem sempre. Vejamos, a título de exemplo, um dos casos relatados por Dena Davies, em seu recente livro: *Genetic Dilemmas*. Pais surdos, nos Estados Unidos, estão optando por implantar embriões com o mesmo tipo de alteração que eles têm e, quando contestados em sua vontade, argumentam que a vida em silêncio é melhor e que não permitir que seu filho seja tão surdo quanto eles, os pais, seria uma forma perniciosa de discriminação, blá, blá, blá. Durma-se com um barulho desses, é o caso de dizer. Pode ser evidente o absurdo, mas não é tão evidente a solução, a ponto de essa prática já existir em alguns estados americanos.

Um dos melhores livros sobre uma nova ética necessária para esses tempos pós-modernos, *O princípio responsabilidade*, de Hans Jonas, defende a ideia, sensível a todos, de que pela primeira vez na história da humanidade, por causa do imenso avanço da tecnologia, o homem pode mais do que deseja. Se antes o limite do que queríamos era dado pela possibilidade dos meios disponíveis, ou seja, pela impossibilidade de se obter tudo o que se pretendia, hoje não, a oferta de meios é muito maior que a possibilidade de utilização. Mais evidente do que no domínio da genética, esse problema já se nota nas aberrações de cirurgias plásticas feitas em série, criadoras de robôs esticados, ou em dermatologias cosméticas responsáveis pelas caras de bruxa ou de paisagem, botocadas além de qualquer sentido estético.

Mas voltemos ao exemplo do dilema genético que citamos: o que fazer com pais surdos que querem implantar um embrião com a mesma alteração, ou, ainda, na mesma linha, com pais anões que querem ter filhos à sua altura, no duplo sentido? Será que o psicanalista tem a resposta? O jurista? O educador? Difícil, muito difícil, pois não há uma solução para todos. A resposta de Jonas, que está no título do livro, é o Princípio Responsabilidade de cada um, frente ao acaso e à surpresa, eu acrescentaria. Agora, tudo se complica quando se trata de tomar uma decisão pelo outro, quando este outro ainda vai nascer. Alguém vai dizer que primeiro cresça e depois escolha. Será que alguém que um dia ouviu o barulho do mar, o som de uma orquestra, o canto da voz humana, preferiria ser surdo? O problema é que aquilo que é evidente para a maioria não funciona como critério de certeza suficiente, em uma sociedade customizada. A pensar.

JORGE FORBES

Psicanalista, psiquiatra, pensador, escritor, conferencista e criador de TerraDois – a tradução do mundo em que vivemos.

Jorge Forbes, que encabeça a discussão da pós-modernidade no Brasil, é psicanalista e psiquiatra, doutor em psicanálise e em medicina. Autor de vários livros, especialmente sobre o tratamento das mudanças subjetivas na sociedade. Recebeu o Prêmio Jabuti em 2013. É criador e apresentador do programa TerraDois, da TV Cultura, eleito o melhor programa da televisão brasileira em 2017 pela Associação Paulista de Críticos de Artes (APCA).

JORGEFORBES.COM.BR

VEÍCULOS DE PUBLICAÇÃO

Site Oficial de Jorge Forbes: http://jorgeforbes.com.br/

Site do IPLA – Instituto da Psicanálise Lacaniana – SP: https://ipla.com.br

Jornal *O Estado de S. Paulo* - Caderno Aliás

Revista *Rio Dermatologia*

Revista *Psique*

Revista *HSM*

Revista *IstoÉ Gente*

Revista *HSM Management*

Revista *WELCOME Congonhas*

Portal da Faculdade de Medicina da UFMG